Novas cenas para o psicodrama

O teste da mirada e outros temas

Dados Internacionais de Catalogação na Publicação (CIP)
(Câmara Brasileira do Livro, SP, Brasil)

Bustos, Dalmiro M.
  Novas cenas para o psicodrama : o teste da mirada e outros temas / Dalmiro M. Bustos ; [tradução Eliana Araújo Nogueira do Vale]. — São Paulo : Ágora, 1999.

  Título original : Actualizaciones en psicodrama.
  Bibliografia.
  ISBN 85-7183-657-4

  1. Psicodrama 2. Sociodrama I. Título.

99-0328
CDD-616.891523
NLM-WM 430

Índices para catálogo sistemático:

1. Psicodrama : Medicina   616.891523
2. Sociodrama : Medicina   616.891523

Novas cenas para o psicodrama

O teste da mirada e outros temas

Dalmiro M. Bustos

ÁGORA

Do original em língua castelhana
Atualizaciones en psicodrama
Copyright © 1998 by Dalmiro M. Bustos

Tradução:
Eliana Araújo Nogueira do Vale

Capa:
Nelson Mielnik

Editoração Eletrônica:
Acqua Estúdio Gráfico

Proibida a reprodução total ou parcial
deste livro, por qualquer meio e sistema,
sem o prévio consentimento da Editora.

EDITORA AFILIADA

 Todos os direitos reservados pela
Editora Ágora Ltda.
Rua Itapicuru, 613 — cj. 82
05006-000 — São Paulo, SP
Telefone: (011) 3871-4569
http://www.editoraagora.com.br
e-mail: editora@editoraagora.com.br

SUMÁRIO

Prefácio 7

Introdução 9

1. As técnicas básicas do psicodrama........................ 17
2. Psicodrama: uma abordagem filosófica, teórica e técnica da vida 25
3. Psicoterapia de grupo e psicodrama..................... 33
4. Sociodrama público: do sonho ao projeto por intermédio do psicodrama.. 57
5. Ética e psicodrama 65
6. Variações sobre a aplicação do teste sociométrico: O teste da mirada 79
7. Violência e desamparo 89
8. Violência — II 101

PREFÁCIO

"A mente está aqui...", disse Moreno a Bustos, enquanto tomava sua mão com firmeza e calidez. Ao constituir a imagem das duas mãos juntas, transmitia-lhe o compromisso, a força e as possibilidades da dimensão relacional. E Bustos continua, aqui, com a companhia-compromisso ressonante desta cena.

Este livro combina seu conhecimento científico, teórico e técnico com a experiência de si mesmo. É possível lê-lo como se fosse mais que único; como se fossem muitos livros. Ficar com um dos artigos reunidos e fazer dele motivo de estudo, experiência e transformação. Ou lê-lo como unidade e assim ir conhecendo a maneira de pensar e estar no mundo deste grande psicodramatista. Qualquer que seja a escolha, a combinação que Bustos faz do conhecimento científico com a experiência de si mesmo torna o livro mais "vivo" e as cenas de vida ampliadas reflexivamente.

Com refinada simplicidade aborda a teoria, a técnica e a humanidade da tarefa psicodramática. Chama, também para si – como discípulo de Moreno –, o compromisso de "reorganizar seu trabalho por intermédio de um pensamento criativo que não traia as raízes".

É assim que retoma o conceito de *clusters*, privilegiando a pessoa em seu processo natural de desenvolvimento e não a partir do desvio nem das classificações em psicopatologia. Parte da saúde e das possibilidades de bem-estar no mundo para, então, incluir e abordar as complicações do viver e *con*viver. Em *Asas e raízes* seu movimento é de compreender e organizar – mais que explicar – a pergunta que formula: "Qual é a dinâmica essencial do ser humano?".

A dimensão inter e intrapsíquica é considerada de forma clara e precisa, tanto do ponto de vista teórico quanto na cena psicodramática. Os personagens imaginários, internos são apresentados em sua importância e conteúdo expressivo, assim como o complementar interno patológico.

O Teste da Mirada é valioso na perspectiva de compreensão das configurações vinculares e, confesso, é para mim um alívio. Por falta de elaboração posterior à aplicação do Teste Sociométrico, já vi muitos grupos se conturbarem gravemente. Tive oportunidade de vivenciar "a mirada", com o grupo autodirigido a que pertenço. Faz uma criativa diferença!

Há uma gentil convocação – a partir do pensar, olhar e compartilhar de Bustos –, em vários momentos-artigos, a estarmos presentes no mundo num exercício constante de *cluster* três.

Criando um tom mais coloquial a este prelúdio, quero declarar minha gratidão – "o mais virtuoso dos prazeres" – a este mestre amigo. Em 1997, quando li em espanhol seus artigos reunidos num livro (que eu digo que é azul e ele diz que é verde), comentei: "Este é o livro mais parecido com você que já vi!". Quando então me convidou a prefaciar a obra em português, alegria e graça me acometeram. E é este o clima que tinge meu gesto de apresentação.

Falar de Dalmiro Bustos, o autor, inclui primordialmente o ser humano que é e, complementarmente, o psicodramatista sempre presente. Em meu olhar (que é perspectivista, como ele insiste, ao relembrar Nietzsche), vejo-o estético, intimista e firme no palco psicodramático.

Sua produção das cenas é límpida, precisa, com elementos essenciais; sem tendência ao barroco. Lembra a produção de cenas clássicas gregas. Nem mais nem menos que o necessário; a harmonia das formas. Em cena o drama pessoal, plasticamente revelado.

Como diretor, acolhe, qualifica, transita, joga focos de luz em meandros e expressões, cria um clima cúmplice com o protagonista, pontua ações e relações. Com seu jeito suave, firme e interessado, vai conduzindo o desenvolvimento do drama, buscando, nos "instantes fugidios, o *é* das coisas".

É um ser humano que acredita na força, na dor, na coragem, na saída e na saúde compartilhadas. E se compromete com o "eu profundo" sem desconsiderar "os outros eus" (que me permita a ousadia, F. Pessoa).

Suzana Modesto Duclós

INTRODUÇÃO

Meu último trabalho publicado faz parte da edição do livro *O psicodrama após Moreno: inovações na teoria e na prática* (Ágora, 1998), em colaboração com vários autores. Antes disso, sempre referindo-me à decada de 90, publiquei *Perigo: amor à vista* (Lugar, 1990), e, por fim, a Ágora publicou uma entrevista, elaborada pela psicodramatista Suzana Modesto Duclós sob o título *Quando o terapeuta é o protagonista*, em 1995.

Apesar de estar trabalhando num livro sobre sociometria, não escrevi outras obras nessa época. Lecionar e viajar lecionando psicodrama têm sido minhas atividades centrais nesta década. No entanto, escrevi artigos que foram publicados em diversas revistas, tanto na Argentina como no exterior. Ensinar é, perdoem-me o lugar-comum, a forma mais depurada de aprender. Muitas vezes, vejo-me andando em círculos com relação a determinado conceito, sem encontrar saída, quando, de súbito, um interlocutor inteligente e atento me faz encontrar uma resposta inesperada. O que disse? Eureca! A resposta estava diante dos meus olhos, que é o lugar mais garantido onde a verdade se esconde.

Reunir estes artigos para apresentá-los em forma de livro traz o risco da reiteração. Em vários deles repito conceitos, já que sempre segui, para escrever, o método de dar uma explicação panorâmica antes de abordar o tema específico, antes de ir do geral para o particular. Isso assegura uma repetição inevitável, e, neste sentido, espero a compreensão do leitor.

Reler meus próprios trabalhos é uma tarefa útil. É como se defrontar com toda a força do permanente e do variável. Coisas que eu já não diria de uma certa maneira, coisas que descubro novamente. Tendo expressado algo, havia ficado relegado ao desvão dos pensamentos arquivados. Ao relê-lo, me assombro, porque o estava procurando, sem saber que já o tinha.

Nesses últimos anos, minha condição de psicodramatista se firmou. Fez-se carne em mim um código que é parte da minha vida. Não se pode fazer psicodrama sem sentir o efeito modificador intenso que ele produz. Se realmente nos aprofundamos na obra de Moreno, surge uma mudança de ótica. O mundo que se descobre é um antídoto para o individualismo selvagem de nossos tempos. Moreno o predisse:[1]

> Frente a dois veículos de pensamento e de poder — a eugenia e o maquinismo — o homem deve recordar seu significado: ambos tentam despojar o homem de sua importância e de seu poder; um, levando adiante sua concepção propriamente dita, e o outro, utilizando um procedimento petrificado. Ambos tentam alienar a criatividade do homem. É provável que a tecnologia seja capaz de aumentar o conforto da humanidade, e a eugenia melhore sua saúde, porém, nenhum dos dois pode decidir que tipo de homem pode e deve sobreviver.

Moreno escreveu isso na década de 40. O que ele diria hoje, quando a manipulação genética chega a graus tão "avançados" que congela e descongela, ao gosto do consumidor, aqueles seres que algum casal deseje conceber... O animismo que se concede a tais inventos é tal que impregna nossa ótica. A formulação anterior sugere que essas coisas têm vida própria, quando, na realidade, não é bem assim. As máquinas não funcionam a menos que sejam manejadas

---

1. Moreno, J. L. *Fundamentos de la sociometría*. Buenos Aires, Paidós, 1962.

por alguém. Mesmo o mais inteligente dos computadores é acionado por alguém, que lhe dá uma direção. Um para quê. Mas numa outra leitura da realidade, escapa-nos o domínio dos mesmos. Alguém maneja, manipula *essa* máquina. Porém, nenhuma pessoa pode, por si só, desativar *as máquinas*. Já são, existem, se transformaram num habitante imprescindível de nosso cotidiano. Controlamos essa máquina, mas não controlamos *as* máquinas. Posso desligar meu computador, mas não deter a existência dos mesmos, que modificaram todos os nossos códigos. Uma vez mais, a relação é dialética, e de modo algum unidirecional. Meu estilo de escrita não é o mesmo de quando eu escrevia com uma esferográfica. Escrevo mais rapidamente, corrijo, anulo parágrafos inteiros. Posso pedir sinonímias ou correções ortográficas instantâneas. E a máquina o faz fielmente. Isto é inexorável. Só nos resta perguntarmos a nós mesmos aonde nos levam nossos próprios inventos. Moreno responde à sua famosa pergunta: *quem sobreviverá?*, dizendo que só aquele que apela para sua própria espontaneidade e a usa criativamente poderá sobreviver. Se terminarmos por configurar dialeticamente nosso psiquismo diante da máquina que criamos, não teremos saída.

O enfoque mecanicista que Moreno tanto temia já está aqui, e o modelo acentua o individualismo. As máquinas funcionam conjugadas apenas para aumentar sua efetividade; não há outro motivo. O ideal formulado a partir daí seria o de que cada um deve prescindir de qualquer outro, dentro do possível, e que tão-somente devemos recorrer a alguém *in extremis*.

Mas será que uma máquina pode sentir? Já não me atrevo a afirmar que isso não ocorrerá. Só sei que, até este minuto, isto ainda não ocorreu. Portanto, o aspecto mais distintivo do gênero humano é constituído pelos sentimentos. E pelo agrupamento. Somos gregários por natureza, e vivemos num emaranhado de relações. A sociometria nos mostra essas redes, que condicionam e, em muitos casos, determinam nossa vida. A partir daí, podemos compreender a dinâmica da identidade como uma instância variável e não estática. Encontra-se muito mais próxima das relações do que de uma condição fixa e estática, sujeita a especulações.

Embora seja verdadeiro haver constantes referências ao *sou*, maneiras de reagir, características pouco variáveis, o certo é que o mais verossímil é relativizar o *sou* pelo *sou com*. Diferentes pessoas estimulam aspectos diferentes, como se na referência cibernética pudéssemos nos ver como sendo movidos por diferentes programas. Dependendo de qual deles seja ativado, teremos como resultado um tipo de vínculo. Há quem nos ative o programa competitivo ou o desejo de ajudar, ou o programa erótico etc. Se agrada a alguém a ativação do aspecto interno, a relação se enriquecerá e, possivelmente, crescerá com o tempo, já que o outro também está no sistema estimulador-estimulado. E não depende apenas do carinho, que pode estar presente, mas que não é fator suficiente.

Todos nós podemos encontrar exemplos deste assunto. Tenho um grande amigo, uma amizade que já dura quarenta anos. Ele vive no exterior, e nos vemos quando eu ou ele viajamos. Enquanto nos correspondemos, as coisas funcionam bem. Mas quando estamos juntos, torno-me artificial, empolado, detesto até mesmo meu tom de voz. E, com ele, acontece o mesmo em relação a mim. Começamos a mostrar as insígnias, como dois pavões que se exibem em seus sucessos emplumados. O vínculo torna-se tenso e competitivo e não sobra espaço para a intimidade. Se déssemos nome a essa dinâmica, cairíamos num beco sem saída. Quem está competindo? Pode-se competir unidirecionalmente? Há alguma forma de mensurar o quanto de cada um estaria determinando essa dinâmica de vínculo? Não, não há. Não apenas trata-se de uma missão impossível, como também faria parte de uma parcialidade e de tentativas de quantificar as emoções básicas. Melanie Klein o fez: muita inveja, pouca inveja, ciúmes, rivalidade ou voracidade. Como podemos medir? Creio ser infinitamente mais operativo que nos dediquemos a compreender a dinâmica do vínculo.

O foco colocado na determinação e na quantificação termina se inscrevendo num moralismo muito similar ao confessional. A alternativa residiria em compreender o vínculo, tanto do ponto de vista externo, em que ocorre o jogo estimulador-estimulado, quanto num vínculo consigo próprio, em que a pergunta central é: "Como devo proceder diante dessa emoção?". Todos nós, seres humanos, temos os mesmos sentimentos: amor, ódio, ciúmes, inveja, rivalidade etc.

A diferença reside simplesmente em como nos relacionamos com eles. Podemos reconhecer sua existência e não causar danos, ou podemos projetar no outro (viram como se projeta a inveja? — sempre são os outros que sofrem dela), ou racionalizá-la (a nossa é sempre a inveja boa), ou negá-la. O que interessa é aprender a conviver com esses habitantes indesejáveis, porém permanentes, de nosso mundo interno. Assim como aprendemos a controlar nosso corpo, a alma deve aprender a reconhecer e controlar nossos diversos sentimentos.

Nos primeiros passos da minha vida profissional (fins dos anos 50, princípio dos 60), eu dirigia minha energia para encontrar instrumentos que me permitissem aplacar a dor das pessoas. A técnica era primordial. Eu precisava reafirmar meus sucessos, e conseguir resultados era a meta. A urgência era minha, porém meus pacientes melhoravam para poder me ajudar a ajudá-los. Essa etapa estava assinalada por amplas oscilações entre "tudo sei, tudo posso", seguida de "nada sei, nada serve". Os dogmas povoavam meus pensamentos. A arrogância intelectual descartava tudo o que não coincidisse com a minha postura. O herói era arrogante, porém maravilhosamente ousado. Logo, já com menor urgência, minha preocupação central passou para a teoria: Como acontece? Por que acontece? O que subjaz a isso tudo? Melanie Klein era minha musa inspiradora. Ao me aproximar do psicodrama, a técnica voltou ao seu foco central, com questões teóricas, porém, lentamente, foi se assentando a convicção de estar no caminho certo. Não tinha que provocar espelhos confirmatórios já que eu me sentia seguro, podia escutar questionamentos sem abalar a estrutura. O trabalho no exterior me respaldou nessa etapa. A partir de então, comecei a me aproximar de outras perguntas, aquelas que requerem calma para ser formuladas. As respostas eram menos importantes do que as perguntas e, muitas vezes, obtruíam a verdade. Qual era a minha essência? A dos outros. A visão patológica do ser humano deu lugar a uma visão mais completa. A palavra *alma* começou a povoar meu discurso. Minha sensação de alarme foi imensa, especialmente por suspeitar que a palavra Deus se aproximava perigosamente. Como bom intelectual de esquerda, formei-me na idéia de que o ateísmo era a única resposta.

Recordo-me de que, em certa ocasião, eu estava à procura de um analista. Haviam me falado de Raúl Usandivaras. Tive uma entrevista, em que senti uma presença cálida, firme e inteligente. Fiz um comentário num círculo de amigos de militância, e eles quase me destruíram. Como era possível? A religião era a morte da inteligência, eu me converteria num "burguês de missa diária". Está claro que não me animei a cometer esse terrível pecado, especialmente porque não queria ser tachado de "burguês". Não creio que eu soubesse o que isso significava, porém parecia péssimo. Anos depois, tive a sorte de conhecê-lo melhor. Creio que ele teria me aliviado o caminho de encontro com a essência do ser humano.

O ateísmo, levado às últimas conseqüências, foi um mandato que poucos desafiaram: era o sinal equívoco de nossa devoção à causa. E o medo não me deixou prosseguir com a pergunta compartilhada. Todavia, isso não quer dizer que não permanecesse dentro de mim. Aos poucos, minhas leituras tomaram essa direção, como também minhas indagações. O Deus distante, criador responsável de tudo e por tudo, o Deus Ele, na terceira pessoa, me parecia estranho. Observei muita negligência na delegação de responsabilidades a Ele. Não tinha a ver comigo. O Deus mais próximo, colocado pelo advento da figura de Cristo, me comovia um pouco mais. No entanto, toda a colocação de culpa, em que o sacrifício era valorizado acima de tudo, me parecia uma resposta simplista à pergunta básica. Então, aproximei-me do que postula Moreno. Ele não fala de um Deus-Ele, nem do Deus-Tu mais próximo do cristianismo. Falava de um Deus-Eu. Delírio? Só quando se aproxima da significação de um Eu individual. Às expensas de outros, que não eram deuses, ou, se o eram, pertenciam ao subgrupo de deuses menores. As palavras do Pai iluminaram o meu caminho. O ateísmo é uma postura ambivalente, e nomear uma ausência assinala e valoriza a instância como existente. A (sem) teus (Deus). Só nos fala da existência de uma entidade a que negamos. Se assim é, sou ateu. No entanto, a lógica aristotélica foi criada para controlar a imensidão do que ignoramos. Alegro-me quando penso num mundo em que todos os deuses assumem responsabilidades

---

* Raúl Usandivaras – Conceituado psiquiatra e psicanalista argentino.

sobre tudo, desde o simples fato de dirigir um automóvel, de forma responsável, até tornar nossa responsabilidade o desemprego, a fome, a corrupção. Esse Deus-Eu, sem dúvida, me agrada e me energiza favoravelmente. Não me escondo por detrás Dele, Ele me impulsiona e me engrandece.

Mas há muito mais do que isso. O Deus responsável e criativo que Moreno nos coloca encerra o mistério da vida, é a síntese de algo que ninguém possui em particular, mas que nós todos, em conjunto, temos. Apenas conjugado a partir do coletivo, desaparece quando o aprisionamos no individualismo. Ao mesmo tempo que exalta a responsabilidade máxima no individual, só o compreendemos a partir do grupal ou coletivo. Por alguma razão, Moreno dizia com freqüência: "Se eu pudesse viver de novo, gostaria de voltar como um grupo".

Nos diversos capítulos desta publicação, encontraremos a ampliação desses conceitos, que correspondem ao centro de minhas preocupações nesses anos.

Buenos Aires, setembro de 1996.

1

AS TÉCNICAS BÁSICAS DO PSICODRAMA

Sempre abordei o tema das técnicas dramáticas com certo receio. Tendemos a utilizá-las fora do marco referencial teórico e filosófico, com o que — em meu ponto de vista — as desvirtuamos. O psicodrama coloca uma postura existencial baseada no Encontro, onde reina o Eu-Tu que Moreno formulou — diz Martín Buber que é obra dele — antes mesmo de criar o psicodrama. Trata-se de uma teoria que tem como ponto inicial o vínculo. A partir daí, nos oferece uma ampla gama de conceitos, muitos dos quais requerem desenvolvimentos posteriores, como (ocorre com) qualquer outra teoria que não seja fechada em si mesma.

Porém, o grande barco que forma o conjunto se desintegrou, e a proa navegou mais rapidamente. A técnica dramática teve um tal grau de expansão, que muitas pessoas que a utilizam chegam até a desconhecer seu autor. O que representa um triunfo, uma vez que a validade do instrumento fez com que fosse absorvido pelo meio. O *role-playing* é utilizado com muitas finalidades diferentes, por pessoas que nunca ouviram falar de Moreno. O mesmo ocorre com o teste sociométrico ou com o teatro da espontaneidade. Este último é inventado várias vezes por ano, certamente, com toda a honestidade, ignorando que meu querido amigo Jacob Levi Moreno o fez há muitas décadas.

Ocorre que, como todos os gênios criadores, Moreno adiantou-se à sua época e sofreu do mesmo rótulo de louco que, em geral, acompanha todos aqueles que desafiam as normas vigentes. A ação terapêutica? Era simplesmente uma ousadia, e quem a suscitasse não passava de um demente. Moreno se divertia bastante com esse rótulo.

Feita esta ressalva, passo a relatar um psicodrama público, ou seja, um trabalho de grupo com pessoas que se reúnem uma única vez com o objetivo de compartilhar uma vivência. A profundidade com que se estabelece o trabalho depende da configuração do grupo. Quando se trata de profissionais, com experiência terapêutica, como no caso apresentado, podemos nos aprofundar sem nos preocupar com excessos que possam vir a ser negativos.

O grupo era formado por 45 psicoterapeutas, alguns psicodramatistas, gestaltistas, psicanalistas e profissionais da bioenergética. O tema previamente combinado referia-se ao papel do psicoterapeuta. À medida que for relatando o trabalho, procurarei explicar as técnicas utilizadas. O tempo total de trabalho foi de duas horas e meia.

Meu primeiro objetivo é me preparar, sentir o grupo. Apresento-me e, em geral, faço uma abordagem relativa ao tema, e quando o clima é propício, costumo trazer uma experiência pessoal. Quando sinto que estou sendo espontâneo, começo a pedir a participação do grupo, muitas vezes com alguma pergunta direta feita a todos ou a alguém em particular. Esse processo chama-se *aquecimento inespecífico*, e segue a regra técnica básica do psicodrama, que indica que se faça um percurso do superficial para o profundo.

Quando percebo que a espontaneidade começa a surgir, peço que se levantem e caminhem. Acho que caminhar é o ato mais simples que se pode fazer em um grupo, sem forçar um compromisso. Nesse momento, costumo dar algumas orientações referentes ao tipo de participação que solicito. Sinto um grande desconforto pelo tipo de experiência psicodramática que exige que todos participem da ação com o máximo de compromisso. Isto, em geral, provoca situações psicopáticas, que devem ser evitadas, uma vez que esse é o maior risco do psicodrama, assim como a racionalização é o maior perigo das técnicas verbais com base analítica. Para evitar que isto ocorra, peço que cada um entre em contato consigo mesmo, respeitando seu estado de espírito do momento. Pode-se desejar participar ativamente, preferir uma certa distância ou, até, ficar apenas observando. Ao legitimar todas as posturas, nenhuma delas fica consagrada como a que representa a resistência. O temor à exposição diminui, a ansiedade persecutória dá lugar a um início de clima de confiabilidade. Outro fator importante, neste sentido, é que o diretor cumpra primeiro as instruções que está solicitando. Assim, sou eu o primeiro a caminhar ou a dizer o próprio nome, cantando etc. São instruções a partir do implícito que vão criando o clima de trocas desejado. Claro que, com a atitude corporal e verbal, o coordenador imprime um certo tom. Assim como um diretor de orquestra, antes de começar, determina qual será a clave musical da execução, o coordenador de um grupo também o faz. Coordenadores tensos geram grupos tensos. O que é perigoso é o desconto desse fator no balanço final. Costumo ouvir coisas do tipo: "Peguei um grupo tenso, competitivo ou depressivo", sem que se tenha indagado sobre seu próprio estado de espírito ao começar.

Até aqui, preparei o grupo para a tarefa. Comecei então a fase de *aquecimento específico*, com a orientação de que entrassem em contato entre si, e que, ao se cruzarem, dissessem seus nomes, variando entre distintos tons, do sussurro ao grito. Isto tende a criar um clima de brincadeira e de permissividade. Em seguida, pedi que escolhessem que nome desejavam ter durante esse dia, que poderia ser aquele que efetivamente têm, ou não. Esta é outra instrução importante, uma vez que é portadora da mensagem moreniana de ser capaz de recriar o próprio universo.

A instrução seguinte foi a de que entrassem em contato com suas sensações corporais com relação ao papel profissional. Se este tivesse um lugar no corpo, onde estaria? A maior parte escolhe o peito e/ou os ombros, zonas correspondentes a sentimentos e responsabilidade. Peço que maximizem o lugar escolhido: "Sejam essa parte e exagerem na postura".

Proponho-lhes que aprofundem sua percepção interna fechando os olhos e que emitam um som. A partir do som, devem dizer uma palavra que reflita o sentimento central. Ouve-se: amor, solidão, força, medo etc. Agora, peço que deixem surgir um personagem que represente o sentimento, a postura e a palavra. O personagem representa a introdução da metáfora, ampliando os níveis de consciência do conflito.

Aparecem bruxos, magos, burros de carga, fadas, xamãs, pássaros etc. A instrução deve especificar que não elejam o personagem. Melhor que se deixem surpreender "a partir de dentro", do latim, *sua sponte*, espontaneidade. Assim, evita-se que sejam descartados elementos significativos para a indagação, desprezados em nome da razão.

Peço que sintam profundamente o personagem criado e, de forma lenta, dirijam-se imaginariamente ao consultório. Ao abrir a porta, encontrarão algum paciente em relação ao qual sintam dificuldades ou rejeição. Novamente, peço que se surpreendam encontrando ...., solicito que digam o nome. Agora devem pedir-lhe para esperar um pouco porque devemos viajar em busca de material para ajudá-lo.

Sugiro que fechem os olhos — para favorecer a indagação interna — e que evoquem o dia em que resolveram ser terapeutas.

Situado o momento de decisão, dou a instrução-chave: deixem-se levar agora num passeio pelo tempo e espaço, até o momento em que tenha nascido — ainda sem saber — essa vocação. Dou um tempo adequado, até que observo sinais de diferentes reações. Solicito que abram os olhos e dêem um nome à cena.

A instrução seguinte refere-se a criar um círculo — nova consciência da existência do grupo. O grupo repete o nome das cenas. Recordo algumas, como o poder de amar, um dia de chuva, o ferrolho, pensando sobre o destino. O próprio grupo irá indicar qual delas será trabalhada em profundidade. Para isso, peço que se aproximem da cena que lhes causou maior ressonância ou, em caso de ser a própria cena a escolhida, que permaneçam em seu lugar. Sonhadoramente, dirigem-se a um homem cuja cena se chamava a solidão diante da morte.

O protagonista escolhido está muito emocionado e aceita trabalhar. Peço ao membros do grupo que voltem a seus lugares. A partir desse momento, começo a etapa da *dramatização*. Permaneço junto do *protagonista*. Pergunto-lhe qual era o seu personagem. Ele sorri e associa a cena ao personagem Pierrot que, na Comédia da Arte, representa a morte. Vamos a essa cena. Determino primeiro a noção de tempo e espaço. O ano é 1954. O protagonista, a quem chamarei de Horácio, tem cinco anos de idade. Ele diz: "Estou sentadinho na soleira da porta de minha casa. Estou sozinho com Errol, meu cachorrinho. Estou triste, pois meu vovozinho morreu. Eu quase não o conhecia, mas minha mãe foi ao velório e papai não está em casa. Sou o caçula, e meus irmãos também foram ao velório, porque são grandes. Lá dentro está a empregada. Quero chorar, mas não consigo. Parece-me que não choro por pena, mas é por medo". Como ele está cada vez mais dentro do personagem, quero distanciá-lo para que não desapareça na emoção, de tal maneira que bloqueie a elaboração. Peço-lhe que chame alguém para fazer o papel da empregada. Feito isso, que inverta papéis com ela. Ele será a empregada e ela desempenhará seu papel. Ele compõe uma pessoa atarefada, sensível e preocupada, que nos informa que a mãe de Horácio é uma boa patroa, porém que nos últimos anos teve que se ocupar do cuidado de seus pais enfermos, razão pela qual Horácio passa muito tempo sozinho. O pai, uma vez que a mulher está tão dedicada à enfermidade dos velhos, "leva sua vida e passa pouco tempo em casa".

Devolvo-o a seu papel. Rapidamente, ele reassume os gestos de seus cinco anos. Olha para mim e diz que Errol é seu cachorrinho querido. Faz uma cara de medo. Pergunto o que está acontecendo com ele. Nesse momento, Errol escapa de seus joelhos e atravessa a rua correndo, pois avistou um outro cachorro. Sem pensar, ele corre atrás de Errol. Um carro freia bruscamente, atropela Errol e quase atropela Horácio. O motorista desce do carro. Peço que chame outro ego-auxiliar para desempenhar o papel do motorista e, novamente, que inverta os papéis. O homem — desempenhado por Horácio — se exalta, repreende Horácio e diz que ele é irresponsável, que não sabe cuidar de seu cão e muito menos de si mesmo. De volta a seu papel, ele me diz que o homem tem razão.

A seguir, peço para Horácio fazer um *solilóquio*, técnica que equivale a algo entre parênteses, aquilo que se diz nas entrelinhas. Ele diz: "Sou incapaz de cuidar daquilo de que mais gosto". Sua expressão me parece alterada. Pergunto-lhe o que está ocorrendo. Na esquina, ele vê uma velhinha parada, e ela não consegue atravessar a rua. Ele se levanta rapidamente e vai ajudá-la. Novamente, peço que ele chame uma pessoa para fazer o papel, e indico-lhe uma mudança. Dessa maneira, asseguro-me de que a produção dramática será do protagonista. A mulher agradece, diz que esse menino tem uma alma muito generosa e que seria um bom médico quando crescesse.

De volta a seu papel, indico um novo solilóquio. Ele fala: "Talvez assim eu aprenda a não ser tão mau". Peço que seja o cachorrinho morto. Nesse papel, aparece o critério de realidade. Como cachorrinho, ele diz: "Horácio tem a mesma idade que eu, nenhum de nós pode cuidar muito de ninguém, o que acontece é que ele está com raiva, pois quem se sente malcuidado é ele". Pergunto a Errol se ele está ressentido e ele diz que não. Horácio sempre foi o seu melhor amigo. Retornando ao seu papel, ele abraça Errol e chora profundamente, com alívio por poder fazê-lo. Pergunto se deseja dizer algo a seus pais. Ele me diz que, com o que está sentindo, não lhe parece necessário. Fica claro para ele o que Errol já disse. Peço, então, que ele chame alguém para desempenhar o papel do menininho de cinco anos e o do personagem de Pierrot. Ele o faz e fica fora da cena.

Esta é a técnica do *espelho*, e eu a utilizo quando desejo que o protagonista tenha uma visão totalizadora, que veja o bosque e não apenas a árvore. Em momentos de grande angústia, serve para possibilitar um distanciamento e retomar o contato perdido com o eu observador, indispensável para a elaboração dramática. A partir daí, Horácio segura o menininho em seus braços e lhe diz que, de vez em quando, ele deve se deixar cuidar um pouco, e não pensar sempre em resolver o problema dos outros. Pierrot se aproxima do menino e lhe diz para enxugar as lágrimas. Os três se abraçam. Os dois egos-auxiliares no papel de Horácio menino e Pierrot choram, agora já como eles mesmos. Antes de terminar, digo a Horácio para examinar por um momento o paciente-problema. Ele chama uma pessoa para desempenhar o papel de Teresa. Ela aproxima-se e ele lhe diz que ela tampouco se deixa ajudar, que vive ajudando a todos no grupo em que é paciente, escondendo suas próprias necessidades. O paralelo é óbvio.

Terminada a dramatização, solicito ao grupo que se aproxime. Eles formam um círculo carregado de emoção. É o momento do *sharing* ou *compartilhamento*. O grupo, que havia ficado relegado a um segundo plano, reaparece, não para fazer comentários a respeito do protagonista, mas para que cada um fale de suas próprias vivências. Como uma onda expansiva, o ocorrido no psicodrama ilumina a cena de cada um. Peço-lhes que evoquem sua própria cena, seu próprio personagem e vejam a modificação que podem fazer. Primeiro internamente e depois compartilhando verbalmente com poucas palavras, já que nosso tempo está se esgotando.

É assim que transcorre uma sessão de psicodrama. Procurei assinalar as principais técnicas e sua aplicação na dinâmica de uma dramatização. As mesmas técnicas podem ser utilizadas para psicodrama em grupos, individual, em terapia de casais ou familiar. Seu uso no ensino já está generalizado e encontra-se incluído nos planos oficiais de vários países, inclusive na Argentina.

Ainda vou descrever algumas técnicas que são usadas com freqüência e que não mencionei nesta dramatização. *Duplo*: trata-se de criar um espaço reflexivo, com a finalidade de ajudar o protagonista a se aproximar dos aspectos de si mesmo sobre os quais tem escasso *insight*. Um ego-auxiliar se aproxima do protagonista e vai se "transformando" nele, como se fosse seu outro Eu. Ele o faz na primeira pessoa e depende do protagonista sua aceitação ou rejeição. *Maximização*: concentra-se a atenção em determinado sentimento que se deseja exaltar com a instrução: "Seja sua raiva ou sua tristeza etc.". Favorece a catarse. *Concretização*: similar à anterior, porém esse aspecto que se deseja recortar é encarnado por um ego-auxiliar. Isto permite que o protagonista interaja com seus medos, angústias etc., como se se tratasse de mais um personagem.

O arsenal técnico psicodramático é muito vasto, razão pela qual tentar descrever sua totalidade requereria muito mais espaço. Quero enfatizar, mais uma vez, que, separado de seu contexto filosófico e teórico, ele fica sujeito a muitas distorções. Talvez devêssemos reservar o nome de psicodrama para o conjunto filosófico-teórico e técnico criado por Moreno e denominar as outras variáveis de técnicas dramáticas, já que só emprestam do psicodrama seus aspectos técnicos, respaldados por outros esquemas referenciais. O mesmo ocorre com a psicanálise: chamam-se psicanalistas muitos psicoterapeutas que não respeitam os alinhamentos centrais descritos por Sigmund Freud. Se algo vai se transformando, de tal maneira, em outra coisa, não deveria também mudar de nome? Prestar-se-ia a menos confusões. Certamente, os novos aportes são essenciais, e eu mesmo tratei de fazê-los. Porém sem distorcer sua essência.

Como um todo coerente, o psicodrama é bastante operativo e suas formulações são claras. Não se fecha em elucubrações teóricas que escondem mais do que mostram. Todo conceito busca esclarecer e favorecer a operatividade, assemelhando-se fortemente ao que Bertold Brecht dizia tão magistralmente por intermédio de Galileu Galilei: "Minha opinião é que o único fim da ciência consiste em aliviar a miséria da existência humana. Se os cientistas se deixam atemorizar pelos tiranos e se limitam a acumular conhecimentos pelo conhecimento em si, a ciência se converterá num inválido, e as novas máquinas só servirão para produzir novas calamidades".

Eu ousaria acrescentar que esses tiranos não são apenas Hitlers, Videlas ou Pinochets. São também aqueles que se infiltram em espaços de poder científico, se autoproclamam donos da verdade e transmitem aos futuros profissionais dogmas fechados e conhecimentos sectarizados, sem levar em conta sua responsabilidade básica, que é a de ensinar a pensar sem doutrinar. Seria obrigação dos professores apresentar aos alunos a ampla gama de alternativas com que o mundo conta para levar a cabo a difícil tarefa de aliviar o sofrimento humano.

2

PSICODRAMA: UMA ABORDAGEM FILOSÓFICA, TEÓRICA E TÉCNICA DA VIDA*

Era fevereiro, do ano de 1995. Eu estava voltando de uma reunião da IAGP (International Association of Group Psychotherapy). Meu avião atrasou e comecei a circular pelo aeroporto de Miami disposto a comprar algo, só para passar o tempo, "entretendo-me com minhas próprias coisas". Num canto do saguão vi uma moça parada, segurando nos braços um bebê de apenas alguns meses. A moça era branca e o bebê era negro. Ela chorava quase que em silêncio, e o bebê estava petrificado, com os olhos completamente abertos. As pessoas que passavam entretinham-se com "suas coisas" e não prestavam atenção à cena. Aos poucos, me aproximei, perguntando se podia ajudar. Automaticamente, ela começou a chorar mais alto, e o bebê me esticou os bracinhos e também chorou. Agora estávamos os três envolvidos no que ocorria, com o detalhe de que eu não sabia o que estava acontecendo. Quando ela se acalmou, explicou-me num castelhano muito pobre que estava voltando ao seu país, no Leste Europeu,

---

* Trabalho apresentado no Simpósio de Psicodrama do XII Congresso de Psicoterapia de Grupo, em Buenos Aires, agosto de 1995.

que pertencia à antiga União Soviética. Havia se casado por procuração com um dominicano, tiveram um filho, mas, com o tempo, concluíram que havia sido um erro. Ela não se adaptava aos hábitos, não conseguia sequer falar razoavelmente bem o idioma, e, finalmente, com a ajuda da embaixada, ia voltar para o seu país. Quando foi fazer o traslado, em Miami, roubaram sua bagagem, seus documentos e o seu dinheiro. Ela ficou num canto, paralisada, sem saber o que fazer, desesperada.

Já no avião, e com o problema prestes a ser resolvido, eu não podia deixar de pensar neles, vindo de um lugar quase desconhecido, indo para um lugar que já não existia. E o nosso mundo, que caminha em direção ao terceiro milênio, "entretido com suas próprias coisas". Tico — esse era o nome da criança — por acaso não faz parte de nossas coisas? Então faz das de quem?

Os limites entre os países caem, muitos muros são derrubados. As culturas nacionais desaparecem frente à globalização. A economia internacional domina os países. As comunicações são tão amplas que, com um simples controle remoto, passamos dos Estados Unidos para a Alemanha, Espanha ou França. As mudanças são muito vertiginosas e nos sentimos tão assustados quanto Tico nos braços de uma mãe sem respostas. E necessitamos criar recursos para sobreviver. O idioma oficial deste mundo novo é um inglês malfalado, e a palavra-chave é *dólar*.

Quero compartilhar com vocês alguns dos recursos que, acredito, são válidos para encontrar alguns [outros] diante desse estado de coisas.

Na década de 60, eu estava começando minha formação no Instituto Moreno. Graduado em psicanálise, eu me debatia tentando compreender o significado profundo da proposta de Moreno. Aprendi algumas técnicas que ele usava, enriquecendo meu trabalho em grupo, que coordenava a partir de uma perspectiva bioniana. Certa vez, durante uma sessão de processamento, disse algo referente à questão entre o intrapsíquico e o interpsíquico. Num momento, Moreno segurou minha mão com firmeza e disse: "A mente está aqui, você não entende?". Não, eu ainda não podia entender. Havia sido uma mudança radical, não apenas do meu trabalho, mas também da minha vida. Porém a cálida força de sua mão continuou imprimindo em mim uma série de reflexões que permanecem até hoje.

Se pudermos compreender sua filosofia, poderemos avançar em direção à teoria, chegando à técnica, sem trair sua essência. Quando Moreno segurou minha mão, estava me dizendo várias coisas:

1. Os seres humanos não existem no isolamento, mas vivem sempre em referência a grupos, família, escola ou trabalho.

2. Portanto, podemos dizer que *primeiro vem o grupo*. Os grupos são constituídos por pessoas que se relacionam por meio de *vínculos*, que entram em contato através de *papéis*. Papéis e vínculos são o ponto de partida epistemológico da teoria de Moreno.

3. Todas as representações internas fizeram parte, em algum momento, de transações interpessoais. A parte tangível do intrapsíquico se manifesta num vínculo, que se transforma no cenário onde o interno se concretiza. O papel precede o Eu.

4. O foco está na dinâmica entre as pessoas; assim, a *ação* é uma categoria válida. Não ocorrem considerações estáticas. Toda pessoa é vista por outra numa clara troca. Ambas se influenciam mutuamente. Portanto, não podemos descontar o observador do resultado final do observado. A objetividade é uma falsa pretensão quando se trata de relações humanas. A *sociometria* é a parte da teoria de Moreno que tenta classificar as relações interpessoais.

5. Dos métodos de ação, o *sociodrama* é o que mais claramente representa os ideais de Moreno, já que, nesse enfoque, o verdadeiro *outro* está presente na terapia de casais, de família ou em grupos comunitários. Os métodos de ação aplicados a grupos terapêuticos também respondem a esse modelo. O *psicodrama* aparece quando o outro real está representado por um ego-auxiliar.

6. São duas as técnicas que se aprofundam mais na essência do encontro: a mudança de papéis, em que cada um se transforma no outro, e o duplo, onde o terapeuta, o ego-auxiliar ou o grupo se transformam na pessoa que está em conflito. Não se fala sobre o outro, é-se o outro.

7. O compartilhamento (*sharing*) se segue a qualquer ato dramático. De novo, a chave é: não se fala sobre o outro, mas cada um fala

do único que realmente conhecemos, nós mesmos. O compartilhamento não é apenas o ato de compartilhar experiências e sentimentos. O mais importante é a atitude de auto-afirmação que ele promove. Se aprofundarmos este aspecto, poderemos ver o que acontece com cada um, quando alguém se aproxima de nós com uma atitude de compartilhamento: parece que se produz em nós uma abertura, e não atitudes defensivas, não há perigo de juízos de valor. O contrário ocorre quando alguém se aproxima para falar de alguém, e esse observador nos submete a opiniões que podem ser sumamente inteligentes, porém que nos põem em guarda. As relações de poder se constroem sobre esse modelo. Segundo Moreno, são deuses referindo-se a deuses menores.

8. Quando o sofrimento humano ultrapassa um certo nível, além de nossa capacidade de dar respostas construtivas, instala-se a versão trágica. A tragédia se resolve por dois caminhos: a loucura ou a morte. Drama (do grego *fazer*) é um gênero teatral que vai da tristeza à comicidade e que inclui uma grande variedade de finais, desde os venturosos até os desgraçados. O objetivo do psicodramatista é o de transformar as versões trágicas em dramáticas, evitando resoluções trágicas e ingênuas e privilegiando o encontro com novos caminhos.

Esses oito pontos fazem parte da seqüência que interliga a filosofia, a teoria e a técnica.

Voltemos agora ao mundo que temos de enfrentar. O tremendo individualismo leva à solidão e ao isolamento. Tico não existia para o mundo, mas tampouco as pessoas do resto do mundo se olham entre si. Para piorar as coisas, no outro extremo do saguão havia um grupo de adolescentes felizes, com camisetas que indicavam pertencer à Unicef. Os jovens cheios de entusiasmo estavam viajando para um país distante para cumprir alguma tarefa humanitária. Tão entusiasmados que não se deram conta da cena muito próxima deles. Muitas vezes sinto que nós, psicoterapeutas, fazemos o mesmo. Excessivamente preocupados com nossas missões, não percebemos as necessidades imediatas de nossos vizinhos. Sem dúvida, temos instrumentos valiosos para usar com o objetivo de melhorar o mundo em que vivemos.

A auto-afirmação é o *locus* necessário para favorecer o crescimento. A confirmação de nossa existência é necessária como precondição. Tico não conseguiu chorar até estar em meus braços. Suas lágrimas expressavam sua raiva. Seus punhinhos estavam apertados. Quando sua mãe parou de chorar e lhe deu atenção, ele a agrediu. Depois de um tempo, conseguiu comer. Apesar de faminto, sua raiva não permitia que ele conseguisse comer até que pudesse descarregá-la. A ausência de satisfação das suas necessidades básicas, proteção e comida fez com que sua espontaneidade se voltasse para gerar mecanismos defensivos: primeiro se congelou para responder ao pânico, e, em seguida, conseguiu expressar sua raiva. Só depois se colocou em contato com sua necessidade de alimento. Outros Ticos do nosso mundo usam drogas ou álcool, ou atuam de forma delinqüente diante de um mundo que lhes nega um espaço para a auto-afirmação.

Se as necessidades são satisfeitas, a *auto-afirmação* ocorre, a espontaneidade aparece, não para produzir condutas defensivas, mas, sim, para se expressar livremente e se dispor a compartilhar. Quando isso não ocorre, a *agressão* substitui a auto-afirmação. Tico foi claro em sua manifestação; a maioria de nós aprende a ocultá-la com o objetivo de ser civilizado. Porém, a agressão oculta se torna evidente por meio de gestos, sarcasmos ou silêncios. A *hostilidade* pode ser comparada à contaminação ambiental: ninguém pode dizer com certeza de onde provém, mas todos nos intoxicamos da mesma forma. Quando a hostilidade se torna mais evidente, chegamos à violência. Oklahoma foi um exemplo: centenas de crianças morrem sob o lugar que deveria protegê-las. O ataque à Amia,* em Buenos Aires, foi outro exemplo de violência que descreve nosso universo globalizado: os israelenses são supostamente agredidos por iranianos em Buenos Aires. Porém essas são as violências que chegam aos noticiários. Ao lado delas, encontra-se a violência familiar, cada dia maior, castigos físicos, abuso de crianças, aumento da prostituição infantil etc. Se a auto-afirmação é negada, a agressão nasce como resposta adaptativa. Se a agressão é reprimida, instala-se a hostilidade, até chegar à violência.

---

* Amia — Associação Mutual Israelita da Argentina.

O sociodrama e o psicodrama são instrumentos válidos para restaurar a dignidade da auto-afirmação, que deveria estar assegurada num estado de direito. Porém um instrumento depende da mão que o maneja. Uma faca pode salvar uma vida ou mutilá-la. Vi sessões de psicodrama nas quais as pessoas eram moral e até fisicamente feridas em nome da espontaneidade e da liberação da agressão. O comportamento psicopata é claramente diferente da ação criativa que conduz à reflexão. A palavra *adequação* sempre deve acompanhar a espontaneidade na prática das técnicas de ação para sermos fiéis à finalidade para a qual essas práticas foram criadas.

O psicodrama surgiu para ir até onde o problema se encontra: os parques de Viena podem ser hoje qualquer um dos muitos lugares onde o conflito se encontra. As prostitutas ajudadas por Moreno são todas as pessoas que sofrem, especialmente aquelas cuja raiva as impede de ir buscar e aceitar ajuda. Temos que ir ao encontro delas. Temos a tremenda responsabilidade de nossa formação em ciências humanas. O conhecimento pode converter-se numa arma a serviço do narcisismo para demonstrar uma arrogância intelectual ou um instrumento a serviço de nossos atribulados congêneres.

Constantemente surgem adaptações do psicodrama. Moreno o criou como um instrumento único para levar a cabo um ato terapêutico: possui um princípio (aquecimento), um meio (drama) e um fim (compartilhamento). As sessões abertas respondem a esse modelo clássico. Porém, quando o inscrevemos num processo terapêutico, a dinâmica muda. Técnicas isoladas são utilizadas em psicodrama individual, de casais ou de famílias. A elaboração da transferência se faz imprescindível. O importante é que essas contínuas reformulações respeitem os princípios básicos para dar lugar a um enriquecimento, em vez de uma mistura tão ambígua que nada tenha a ver com o psicodrama.

Esse instrumento criado por Moreno foi concebido como um recurso eficaz para trabalhar com grandes grupos. Foi certamente a abordagem desse tipo. Ao ter um claro começo, meio e fim, pode ser utilizado uma única vez, sem requerer continuidade. Os *workshops*, oficinas ou laboratórios encontram no psicodrama um instrumento ideal.

Assistimos a uma mudança vertiginosa não apenas nos paradigmas sociais como também nos tipos de conflitos que temos de enfrentar. As patologias narcísicas representam a clara conseqüência da exaltação do individualismo e a falta de constantes nas relações humanas. Ao estilo dos *fast foods*, os vínculos familiares são mais voláteis. O número de separações faz com que as crianças se acostumem a novos companheiros dos pais, muitas vezes voláteis. Outros cumprem as funções maternas e paternas que antigamente eram desempenhadas pelos pais biológicos. Os grupos primários variam rapidamente em estrutura. Tudo está acelerado. Neste contexto, é de se esperar que os recursos terapêuticos que respondam a esse modelo não possam continuar nos mesmos esquemas. Os processos terapêuticos prolongados são cada vez menos requeridos. Não podemos continuar apelando aos mesmos recursos eficazes que usamos anos atrás, caso queiramos continuar respondendo às necessidades de um mundo que muda vertiginosamente. A resposta à interrogação moreniana, *Quem sobreviverá?*, é clara. Apenas o homem espontâneo poderá fazê-lo para poder se adequar ao mundo em que vivemos.

3
PSICOTERAPIA DE GRUPO E PSICODRAMA

Os grupos e eu

No ano de 1957, médico recém-formado, encontrava-me fazendo plantões no Instituto de Moléstias do Tórax da cidade de La Plata. Esperava que meus documentos estivessem em ordem para viajar para os Estados Unidos e fazer residência em psiquiatria. Os plantões eram extensos e aborrecedores; para mim, só tinham o significado de um salário que me permitisse sobreviver. Como o trabalho era escasso, eu tinha tempo mais do que suficiente para ler em inglês e melhorar meu vocabulário. Assim, na biblioteca do hospital encontrei um folheto que me chamou a atenção por tratar-se de uma experiência grupal realizada com pacientes tuberculosos, por um médico chamado Pratt. As estatísticas mostravam que os pacientes que participavam de tais grupos se recuperavam mais rapidamente, melhorando assim sua resposta aos medicamentos. O artigo informava simplesmente que um entre cinco e seis pacientes se reunia com Pratt três vezes por semana e conversava sobre seus problemas. Eu havia encontrado com o que me ocupar. Apenas ignorava, então, que essa ocupação iria marcar, essencialmente, minha profissão pelo resto da vida. Francamente, não posso dizer o que fazia naquelas conversas: apenas que, a partir desse momento, os pacientes me saudavam com um sorriso cúmplice, e essa cumplicidade me fazia bem.

Passaram-se anos, e, no início de 1962, entrei em contato com os trabalhos de Bion por meio de Alberto Fontana, um dos pioneiros da psicoterapia de grupo na Argentina. Com ele comecei a me introduzir no fascinante mundo dos grupos e sua teoria subjacente. O ponto de partida de Bion era claramente uma extensão do pensamento psicanalítico, ou seja, um enfoque em que a mente (intra) era o eixo para a compreensão do drama grupal. O grupo aparecia como uma conseqüência, e não como um ponto de partida da teoria grupal.

Em 1963, li pela primeira vez uma revista de psicodrama que mencionava a teoria sociométrica. Fiquei muito curioso, mas sua leitura não me trouxe elementos suficientes, até que, ao ver Moreno trabalhar, compreendi que aquilo que teve início num aborrecido plantão de hospital encontrava para mim uma resposta definitiva nas teorias e técnicas daquele que seria meu mestre.

As experiências de Moreno com sociometria, em grupos de famílias, em grupos de laboratório pré-formados e em grupos de formação de psicodramatistas em Beacon, Nova York, são antecedentes valiosos. Sem dúvida, para quem, como é o meu caso, trabalhava com grupos terapêuticos em regime de psicoterapia de grupo com o marco teórico referencial bioniano, era necessário repensar as colocações morenianas para adaptá-las a grupos cujas características os diferenciavam claramente dos que constituíam o campo experiencial de Moreno.

Enquadramento

Os grupos são formados por oito a dez pessoas. O critério de seleção baseia-se na consideração do tipo de conflito que o paciente apresenta. Considero importante avaliar a capacidade de integração num campo de estimulações múltiplas como é o grupal. Pessoas com conflitos agudos, e que requerem uma atenção exclusiva, são atendidas individualmente, uma vez que considero que não têm capacidade de se descentrar de sua problemática, gerando hostilidade no resto do grupo. Tampouco incluo nos grupos pessoas cujo conflito permanente seja de índole psicótica, com escassa margem para estabelecer uma comunicação adequada. Minha experiência é de que essas pessoas necessitam de uma atenção individual até serem capazes de se integrar em um grupo terapêutico, o que sempre representa uma exigência maior.

A duração das sessões é de duas horas, uma vez por semana. Em geral, não se fixa limites de duração do grupo e trabalha-se com regime de grupos semi-abertos. Isso quer dizer que toda nova inclusão no grupo será discutida por todos, assim como as saídas serão anunciadas e elaboradas por todo o grupo. Esse tipo de estrutura grupal é diferenciado dos grupos abertos, com duração limitada. Por essas diferenças, faz-se necessária uma revisão das postulações teóricas no que diz respeito à concepção do grupo e também à implementação das técnicas dramáticas. É a essas diferenças que irei me referir neste capítulo.

Do indivíduo ao grupo, segundo Moreno

Moreno costumava dizer que, se voltasse a nascer, o faria como um grupo. A importância desse ponto de partida é fundamental, já que representa a verdadeira ruptura com a formulação freudiana centrada no inconsciente. O postulado "no princípio há o verbo" é substituído por outro: "no princípio há o grupo". Embora "princípio" refira-se a um nível filosófico que define o homem como tendo a palavra enquanto seu centro vital característico, a partir de um ponto de vista pragmático, Moreno tem razão: o grupo produz a palavra, a que se converterá na característica central e diferencial da raça humana. Moreno, que certamente não desconhece este fato, vai além quando reverte o centro epistemológico do verbo ao grupo, considerando-o em si mesmo o ponto de partida de sua teoria das relações interpessoais, conhecida como sociometria. Para compreendê-la é importante rever alguns elementos de sua evolução, com a ressalva de que, embora respeitando as idéias centrais de Moreno, expressarei as minhas próprias versões das mesmas.

O começo da vida

O *nascimento* deixa a criança em precárias condições de sobrevida, a menos que seja auxiliada por sua mãe. Nesse momento, a ação é contínua e não intencional. A síndrome de fome de atos (*act hunger*) faz com que os atos se consumam a si mesmos: a imaturidade do sistema nervoso central não permite seu registro. Nesta primeira etapa, a visão do mundo da criança é de total confusão entre ela e o mundo que a rodeia: objetos e pessoas, fantasia e realidade, interno e externo, configuram um todo indivisível e confuso. É o corpo que imprime os climas que rodeiam a criança. Observando-o, podemos comprovar como reage de maneira primária, por meio de contorções ou do choro, às mudanças tensionais do ambiente que o cerca. Nada acontece do lado de fora, uma vez que fora e dentro formam um todo indivisível: o que ocorre fora fica inscrito como próprio, no plano cinestésico. Essas inscrições dão origem às enfermidades psicossomáticas e também é o momento em que a identidade tem suas bases, no que se refere aos modos de reagir: um clima calmo e afetuoso deverá gerar tendências do caráter que espelhem esse clima. O mesmo ocorre com os climas hostis, indiferentes ou agressivos. Não existe discriminação entre o eu e o não-eu, portanto, gera-se uma inscrição corporal precoce da noção do mundo. Essa inscrição primária não é simbolizável, já que não há aparato senso-receptor capaz de transformar e tornar relativa a inscrição. Simplesmente, "o mundo é assim", e depois transformado em "eu sou assim". *Nessa etapa, o intrapsíquico e o interpsíquico (vincular) configuram um todo indiferenciado.* Uma das múltiplas vantagens do método psicodramático consiste na possibilidade de recriar com toda precisão esse primeiro universo e ter a capacidade inédita de observá-lo.

Ator e observador: papéis

O ator abrange a totalidade do ser. Porém, desde o começo, surge um *papel*, o primeiro indício de estrutura organizadora de conduta: é o papel *filho*, em que a consciência de sua existência está só em seu papel complementar, *mãe*. A ela estão vinculados como o primeiro ego-auxiliar o cumprimento das primeiras *funções* biológica e fisiologicamente determinadas, tais como ingerir, defecar, urinar. Não concordo com a definição de Moreno de que se tratam de papéis chamados psicossomáticos, já que desempenham apenas funções vitais e indispensáveis para a vida. Se definimos o conceito de papel como a unidade psicossocial de conduta que requer a condição de complementariedade possível, veremos que tanto a micção quanto a defecação ou a respiração são funções que não implicam uma relação necessária. No caso da alimentação, a mãe atua como provedor indispensável. Acho muito mais acertado denominá-los de *protopapéis* e não como verdadeiros papéis. Do meu ponto de vista, o primeiro papel é o de filho, com seu complementar mãe, que opera como primeiro organizador do *ator*. É por essa razão que Moreno nos diz que primeiro aparece o *papel*, e a partir dele começa a organizar-se o *eu*.

Inter e intra

A partir do papel começa a se configurar a seguinte estrutura binária: um *ator* que se encarregará de estabelecer vínculos (inter) e um *observador* que cumprirá funções fundamentais, como a de regular os impulsos, qualificar as condutas segundo os valores internalizados, selecionar os papéis adequados para as diferentes circunstâncias da vida (intra).

Essas duas instâncias (inter e intra) configuram uma unidade dinâmica para o desempenho da vida adulta e, ao mesmo tempo, criam campos que merecem um profundo estudo a partir de nosso papel de psicodramatista. Moreno nos diz que todo o acesso ao intra ocorre por intermédio de inferências a partir de um vínculo. Nada mais claro: não há observação que não venha de um observador, e este o faz a partir de uma perspectiva: todo olhar é perspectivista (Nietzsche). O problema é como vai se configurando essa perspectiva ao longo do desenvolvimento. Isto é válido tanto para a consideração de um outro nos observando quanto de nosso próprio olhar sobre nossas ações: esta é, em geral, a mais temida, já que todo outro olhar é circunstancial e alternativo.

Das propostas morenianas, o *sociodrama* se ocupa mais especificamente das relações interpessoais, em que o outro real está presente, enquanto o *psicodrama* revela o intra desde sua transformação em inter até a intervenção dos egos-auxiliares.

A construção do intra

Uma vez constituído o vínculo *filho/mãe* e estabelecida a diferenciação entre *eu/não-eu*, começa uma lenta discriminação fantasia/realidade, fato que de nenhuma maneira se estabelece de forma abrupta, mas, ao contrário, é lenta e gradual. As tensões do vínculo com sua mãe são as resultantes do vínculo direto mãe/filho, mais o atravessar de todas as tensões da mãe, em sua vida, que a precária capacidade discriminatória do incipiente *eu* da criança incorpora como próprias. *Tudo é ele*. Ao mesmo tempo, a cultura vai se internalizando por meio do papel de filho.

A cultura vai se impondo por meio do simples — ou nem tanto — ato da alimentação: a cada tantas horas se alimenta [o bebê], como é alimentado, quem o faz, como ele é tratado, e, muito particularmente, *qual é sua resposta a todos os estímulos*. O papel que a mãe exerce é o de *primeiro mediador discriminado* de todo o átomo social e da comunidade a que pertence.

A resposta de conduta da criança à rede de vínculos de onde emergem os estímulos vai configurando um repertório de condutas que pode ser variado e adequado aos diferentes estímulos, ou restrito e limitado a umas poucas respostas independentes dos mesmos. Mesmo no caso de haver uma amplitude de respostas, o que nos indica a presença de uma pessoa espontânea, sempre há uma dessas condutas que predomina como a mais característica, identificando essa pessoa em particular. O recorte dessa conduta típica fica claramente manifesto nos grupos terapêuticos a partir do intercâmbio com outros membros do grupo.

Exemplo 1: Ariel e Júlio

Ariel é um médico que, no grupo, desempenha o papel de ajudante. Sempre que é necessário um apoio, Ariel surge como o mais solicitado do grupo. Ele forma um par complementar com Júlio, o eterno desamparado, queixoso e vitimizado. Durante uma brincadeira dramática, fica evidente o quanto Ariel reforça a vitimização de Júlio, estimulando seus aspectos mais negativos. A partir da criação de personagens imaginários, peço que cada um tipifique sua maneira de se relacionar com o outro e, a partir daí, construa um personagem.

Júlio interpreta um leproso que carrega uma campainha para avisar que o contato com ele é arriscado. Ariel não vacila: é Cristo. Cria-se uma cena em que Cristo diz ao leproso que sua missão é curá-lo; ele a aceita de bom grado. Peço-lhes que evoquem a cena em que o personagem foi criado.

Cena de Júlio: seu pai lhe diz que, se não fosse pelo fato de sua mulher ter engravidado (de Júlio), ele poderia ter continuado sua carreira: culpa Júlio por existir. Criar o leproso (conduta central de sua identidade) permite que ele contenha uma agressão que considera feroz e incontrolável, além do que ele se transforma num perigo para os outros e sempre encontra um Cristo que o proteja de suas misérias e sofrimentos, compensando a ausência de um pai protetor.

Cena de Ariel: aos três anos de idade Ariel vê seu pai abandonar sua mãe e sua irmã. No momento de se despedir, o pai pede ao filho que as proteja; ele deve seguir seu caminho, mas deixa Ariel em seu lugar. Ariel sente-se abandonado e temeroso: sua missão será salvar os necessitados.

A gênese das condutas defensivas fica clara, assim como a origem da complementaridade entre ambos. Juntos, podem repetir a história ou repará-la: peço-lhes que um ajude o outro a refazer a cena.

Júlio se apruma e enfrenta o pai de Ariel, advertindo-o de que não se pode colocar essa cruz nos ombros de um menino e expulsa-o agressivamente fora da cena. Diante dos olhos assombrados de Ariel, toma-o em seus braços e protege-o: a catarse de integração foi cruzada: Júlio deixou de ser o leproso, e Ariel permitiu que alguém cuidasse dele. É importante destacar que esta é só uma *rematrização*, um novo espaço referencial, e que o trabalho que permite criar uma mudança verdadeira e sustentada vai passar por muitas e variadas alternativas. Com isso, quero tratar de resistir a certo clima de cura mágica a que nós, psicodramatistas, tendemos, e que tornam alguns dos relatos pouco críveis.

Dinâmica do intra

Voltemos agora à construção do intra. Gradualmente, vai sendo configurado um repertório de condutas, das quais uma aparece como característica dessa pessoa. Assim como fizemos no exemplo de Júlio e Ariel, isso nos ajudará na compreensão desses aspectos como sendo personagens internos. Todos nós temos um variado repertório de atitudes, condutas, comportamentos e respostas possíveis, uma vez que não existe ser humano que não deva passar por distintas contingências em sua vida. Imaginemos, então, um amplo espaço povoado por diferentes personagens, alguns dos quais estão em primeiro plano, outros distanciados, na obscuridade, e ainda outros que possam estar em algum lugar inacessível. Imaginemos que neste salão haja um lugar bem-cuidado, com um cartaz em que se leia: *Meu Ideal*. Essa é uma porta que se deve abrir com muita cautela: encontram-se aqui as maiores aspirações. No decorrer da vida, vão se forjando metas, muitas próprias e outras que podem ser o reflexo das expectativas de outros significativos, de sonhos próprios e alheios, amalgamados e compondo nosso próprio ideal. Quanto mais nos aproximarmos de nosso ideal, maior será a nossa satisfação conosco e, ao contrário, quanto mais nos distanciarmos, maior será o nosso sofrimento.

Dentro do intra esse aspecto ocupa um lugar central: talvez possamos definir a terapia como a tomada de consciência do ideal e a implementação de recursos para consegui-lo. Embora muitas vezes tenhamos que reconhecer que, como dizia Dom Quixote, o importante é a luta em si mesma, tendente a alcançar o objetivo, mesmo que este esteja, por si mesmo, sempre distante: "to reach for the unreacheable star" [alcançar a estrela inatingível]. Esse sofrimento se manifesta pela temível *angústia*. Muito próxima a essa porta há outra, tentadora e perigosa, onde também está escrito "meu ideal", porém, agora, em letras minúsculas: ali estão as metas enganosas, já que têm como condição ser *realmente* inatingíveis. Nessa porta, nosso amigo Júlio tinha um personagem fisicamente oposto a ele: era alto, vigoroso, atlético. Colocado nesse lugar, Júlio dizia: "Se você fosse como eu, seu pai o teria admirado e não o haveria reprovado por existir". Júlio vive empenhado em fazer estapafúrdios regimes alimentares, desses que lucram habilmente com esses aspectos dos seres humanos. Diante do fracasso dessas tentativas, voltava a cair no leproso sofredor que mascarava seu fracasso em ser "aquele que deveria para ser amado". Isto acrescenta outro aspecto à definição de terapia: ajuda a aceitar aqueles aspectos que não podemos mudar, para podermos compreender seus limites e, conseqüentemente, seus verdadeiros potenciais.

Em outro lugar do salão há um tablado muito notável e visível. Nele movimentam-se vários juízes, alguns sorridentes e bonachões, outros severos e introvertidos, o mais temível de todos: um que está de costas julgando a tudo e a todos, sem sequer um advogado de defesa para intervir. Ao redor desse personagem há um silêncio sepulcral: as crianças não se atrevem a brincar, já que, no reino do terror, só poderiam fazer brincadeiras macabras, é o reino da angústia, arquiinimiga da espontaneidade.

Além de levar em conta cada personagem e sua relação com os outros, é importante considerar a relação interna desses diferentes personagens entre si. Numa sessão, repreendo um censor que aparentemente tortura e controla uma paciente. Ao fazê-lo, o censor me enfrenta dizendo: "Você me diz isso porque não conhece essa menina; se acha que ela é tão inocente, está enganado, ela é uma assassina em potencial". Investigando, chegamos a uma cena na qual sente fortes impulsos de matar sua irmã recém-nascida. O trabalho terapêutico consiste em oferecer outras saídas para o impulso que fica, para ela, inscrito como a prova de sua periculosidade. O censor era, assim, o mal menor.

Exemplo 2: Ana e Juana

Voltemos ao grupo onde estão Júlio e Ariel. Ana teve de fazer um aborto há dois meses e diz que não pode falar no grupo devido à presença de Juana. Numa dramatização, Juana trabalhou sua relação com o marido, a quem chamava de libertino, acrescentando que ele bebia em excesso. Nessa oportunidade, Juana se manteve muito defensiva e pouco pudemos trabalhar. Ana reproduz uma conversa num bar, na saída do grupo, em que sente um estranho temor em relação a Juana. A partir da concretização desse temor, chegamos a uma cena na qual sua mãe permite que ela saia pela primeira vez, à noite, com um amigo. Aparece a avó e, numa cena terrível, proíbe a saída da neta, desautorizando a filha e revelando que sua mãe havia tido relações homossexuais quando era adolescente e que, se não fosse por sua firmeza, hoje ela estaria destruída.

O desencanto de Ana pela desidealização de sua mãe querida faz com que sempre transforme as pessoas mais rígidas e poderosas em seus interlocutores principais, em busca de uma segurança que os mais flexíveis não podem lhe oferecer. Juana fica profundamente comovida e compartilha que ela sempre estabeleceu uma aliança com sua poderosa avó diante de uma mãe submissa, o que a situava no dilema — ou submetida como a mãe, ou dura e rígida como sua avó —, ou seja, encarnava o par dialético dominador/submisso do qual Ana representava, assim como seu marido, o papel complementar correspondente.

Recordemos que, no início, definimos a díade ator/observardor. Neste momento, podemos nos perguntar: quem observa o ator? Dependendo de qual dos personagens observe o ator, teremos a qualidade da ação. Não é a mesma coisa termos um observador crítico ou um confiável e seguro, que dê alento, ou um que nos faça desconfiar de nossa capacidade.

Por outro lado, a mesma relação que esses personagens têm com outra pessoa também a têm entre si. Travam lutas internas que às vezes se tornam esgotantes em momentos de crise. Basta imaginar o diálogo que se pode produzir entre o juiz implacável e o libertino. A maravilha da psicoterapia de grupo é que sempre haverá alguém no grupo que encarne um dos personagens em conflito, trasladando o intra para o campo do inter, facilitando enormemente o trabalho terapêutico e deixando menos margem a esse inimigo mortal da verdadeira psicoterapia, que é a especulação aberta. O simples drama grupal nos oferece esse campo operativo apenas com o favorecimento da livre interação entre os membros do grupo. A escolha do interlocutor cujo olhar se privilegia tem relação direta com o personagem interno encarnado no outro. Se não existe internamente um censor severo, por exemplo, não há a possibilidade de que uma severa censura por parte do outro caia em terreno fértil.

Papel gerador de identidade

Como dissemos, cada indivíduo tem uma ampla variedade de personagens, mas um ou dois são os que mais centralmente comandam o conjunto. Isso determina o tom afetivo de uma pessoa. O clima que se gera, por vezes, apenas pela presença pode ser determinante: não é o mesmo assistir à chegada da abadessa ou a de Carmen. Ou entre Alexandre Magno ou um bobo da corte. Cada personagem corresponde a um clima afetivo adequado. A abadessa buscará a solenidade do templo, desafiando Carmen, que não entende de solenidades. Aqui se inicia a luta sem quartel, já que cada um se aferrará ao roteiro conhecido; se os outros não o complementarem, sentir-se-ão desnudos, descobertos, indefesos. E Carmen deverá descobrir sua temida e oculta abadessa, enquanto esta deverá, fascinada e medrosa, aproximar-se de sua própria versão da temível e sedutora vendedora de cigarros.

As lutas internas geram angústia. Espontaneamente, uma pessoa pode querer responder de forma determinada, sempre que haja uma instância reflexiva que avalie a conveniência dessa conduta e a busca de acordos que encontre o *adequado*. Porém se essa instância relativizante se converte no bloqueio do espontâneo, ou seja, se alguém leva em conta apenas aquilo que *deve* fazer, podemos supor que o personagem que comanda o conjunto é um severo censor e que o nível de espontaneidade é mínimo. Se pudéssemos fotografar a energia que uma pessoa espontânea irradia, veríamos com segurança pessoas que convidam a que nos aproximemos delas, uma vez que, ao fazê-lo, o campo energético aumenta. Ao contrário, aquelas pessoas contidas ou ameaçadoras pareceriam irradiar uma energia negativa, que melhor consomem a própria energia. Deixam-nos com uma sensação de vazio. Esse jogo de confluência de campos energéticos pode ser observado em dramatizações grupais. Aqueles que se encontram num momento depressivo costumam ser vistos como "vampiros", entrar em seu raio de ações significa expor-se a ficar sem forças. A este aspecto central denomino *papel gerador de identidade*.

Tele e transferência

É evidente que estamos tratando desses dois conceitos centrais enunciados por Moreno, os quais, no meu entender, precisam de uma revisão conceitual. A dificuldade maior em compreender suas formulações encontra-se em sua posição antagônica em relação aos conceitos freudianos. Se Moreno não tivesse se entusiasmado tanto com a polêmica de Freud, teríamos diante de nós conceitos ricos e claros. Porém, como a Moreno fascinava a polêmica, legou-nos a tarefa de fazê-lo nós mesmos. Passo a transcrever uma citação de Moreno; no parágrafo precedente da transcrição ele cita a definição freudiana de transferência e, continuando, nos diz[1]:

> Esse conceito de transferência desenvolveu-se gradualmente a partir do hipnotismo e da sugestão... A psicanálise estudou melhor a situação e demonstrou que é o paciente quem, ao identificar o psiquiatra com certas produções de sua própria fantasia, projeta emoções no psiquiatra. O psicanalista, conhecedor do processo mental no paciente, faz dele a base do tratamento. A espontaneidade e o trabalho psicodramático nos compelem a uma visão ainda mais clara e ampla da relação médico-paciente.

Tal como está colocado, o conceito parece ser apenas a ampliação de um conceito freudiano, quando, segundo minha visão, Moreno está formulando algo novo em relação ao vínculo (inter), o que

---

1. Moreno, J. L. *Psychodrama*, 1º v. Nova York, Beacon House, 1977, p. 227.

fica claro quando diz, na página seguinte da mesma citação: "Não apenas a tele, mas também a transferência são interpessoais".

Vejamos, então, o recorte, não baseados na polêmica, mas em nossa experiência pessoal e clínica, procurando nos lembrar dos encontros pessoais que nos deixam com uma profunda sensação de plenitude, como se uma carga poderosa de energia entrasse em nós. Ao passar por nós algo que produza essa magia, sentimo-nos estimulados e estimulantes, o melhor de nós floresce diante dos interlocutores, percebemo-nos, compreendemo-nos, vibramos na mesma sintonia. Como foi que isso aconteceu? Não estava programado, não é programável, simplesmente acontece. Ou não?

Produziu-se essa combinação que determinará nossas aproximações e distanciamentos. Numa linguagem comum, fala-se de química entre as pessoas. Moreno formula o conceito de encontro baseado nesses elementos e referidos não apenas à relação terapêutica, mas também definindo todos os vínculos; trata-se de um fluir em ambas as direções. No *setting* psicoterapêutico apenas aprendemos a instrumentar essa dinâmica.

Se o direcionamos para nos referir aos personagens do grande salão, todos começam a encontrar seus complementares. Saberão as Julietas onde estão os Romeus, os Otelos não se cegarão frente a Iago, pois perceberão que ele mente. Também as rejeições serão corretamente percebidas. Porém, é importante recordar que nada que se refere ao campo das relações entre as pessoas é quimicamente puro: sempre se filtram distorções.

Essas distorções habituais em todas as relações são responsáveis por muitas reações inadequadas, não proporcionais aos estímulos. Contestações que nos levam a nos perguntar a razão de alguém ter dado o pior de si a um estímulo. Um dos vilões deste assunto é a *metonímia*, situação definida como a confusão da parte pelo todo. Por comparação metonímica, um cachorro e uma poltrona seriam iguais só porque ambos possuem pés. Isso quer dizer que um aspecto da mensagem emitida por nosso interlocutor circunstancial pode nos remeter a situações não resolvidas de nossa vida. Basta que, em determinadas condições de tensão, alguém empregue um tom que nos remeta à situação não resolvida para que se desencadeie uma resposta inadequada. *Quer dizer que o que aparece como desproporcional no INTER não o é no INTRA.*

Nosso salão tem, em geral, boas portas, mas as fechaduras são muito sensíveis ao aumento da tensão. Ao tensionarem-se os vínculos, despertam-se os habitantes do salão, loucos para saírem ao ar livre. E, muito mais vezes do que desejaríamos, metem-nos em controvérsias indesejáveis e estéreis. Ou, o que é pior, levam-nos a falsos encontros amorosos.

Até agora referi-me somente às nossas simples relações cotidianas com o objetivo de descrever os conceitos de tele e transferência do terreno do terapêutico. O domínio desses conceitos inclui claramente nosso cotidiano, e compreendê-lo evitaria — tanto a nós quanto aos que nos rodeiam — muitos sofrimentos estéreis. Além disso, são esses os mais freqüentemente encontrados na psicoterapia de grupo.

Porém, isso não quer dizer que não haja um nível mais grave e empobrecedor.

Voltemos, então, ao salão. Imaginemos que um deles se transforme no porteiro e assuma o comando excludente do conjunto. Suponhamos que ele dê um soco num amigo, com um amplo sorriso. Porém o porteiro é, nesse caso, um tremendo desconfiado, que duvida da amizade até demonstração em contrário. Talvez o amigo termine por se cansar e siga seu caminho. O desconfiado porteiro dirá que, evidentemente, ele tinha razão em desconfiar. E o mundo dessa pessoa irá se empobrecendo em relação ao mito: todo visitante tem por objetivo roubar algo ou aproveitar-se, razão pela qual a solidão é a alternativa mais adequada. Assim, qualquer pessoa será um ladrão, um aproveitador, um fugitivo, ou... e as condutas são proporcionais a esse personagem, o já mencionado *papel interno patológico*, responsável dinâmico pela transferência.

É importante esclarecer que o uso dos personagens, tanto em terapia quanto neste trabalho, corresponde à utilização de uma metáfora visando facilitar a compreensão dinâmica dos conceitos. Cada personagem corresponde à versão metafórica de tensões ou sentimentos conflituosos. Esses sentimentos ou ansiedades são universais e, embora não sejam tantos, são passíveis de inúmeras combinações. Ocorre com os medos, a inveja, o ciúme, a agressão, a voracidade ou a rivalidade, bem como com as notas musicais: são apenas sete, mas com elas pode-se construir maravilhosas sinfonias ou melodias intragáveis.

Exemplo 3: Samira

Samira veio à consulta por problemas de saúde, e me fora encaminhada por seu clínico-geral. Ela sofria de espasmos brônquicos que chegavam a ser graves, com acessos intempestivos de tosse. Ela se considera uma pessoa tímida, é casada com um bom homem, que cuida dela e a protege (nas suas palavras). Como estão economicamente muito bem, ela não precisa trabalhar, apesar de ser médica e ter feito vários cursos de psicanálise. Está claramente disposta a seguir minhas orientações. Ela é muito bonita, mas há algo discordante entre sua expressão tranqüila e um gesto por vezes altaneiro e desafiador.

Em três entrevistas individuais tornou-se evidente que ela apenas cumpriria minhas orientações de modo automático e que seria muito produtivo tratá-la em grupo. O grupo a aceita aparentemente bem, no início, mas sua dificuldade em compartilhar acaba gerando uma certa hostilidade. Seus comentários são: "Compreendo o que você está sentindo", ou "Estou lhe acompanhando", sem uma verdadeira empatia. Num exercício de grupo sobre os personagens internos mais temidos, peço que procurem o mais escondido de todos, que está atrás de uma porta pequena e dissimulada, como que fazendo crer que não existe. Samira diz que o que encontrou é uma menina dócil e medrosa, com um pacote na mão, que ela não deve abrir. Apesar de o resto do grupo ter continuado com a elaboração do trabalho, ela negou-se a continuar, pois sentiu-se cansada. Em vez de dizer "Não quero continuar", Samira ficava doente.

Fizemos um teste sociométrico duas semanas depois. Na elaboração do mesmo, Samira tem o máximo de neutralidade, poucas escolhas negativas e uma única mutualidade no neutro. Seu perceptual nos mostrava uma agudíssima percepção dos sentimentos do grupo para com ela. Porém o que mais chamou a atenção foi o fato de que três membros do grupo dão como razão para a escolha neutra a relação excludente que Samira tem comigo. Ela só se interessa pelo que eu digo. Isso havia sido observado pelo grupo, e não por mim. Ao contrário, minha percepção a respeito de Samira não se relacionava muito com ninguém. Permaneço atento a esse fato, esperando o decorrer do processo.

Três sessões mais tarde, Samira conta, quase no final do grupo, que seu médico lhe recomendou uma histerectomia. Samira tem 35 anos e três filhos adolescentes. Seu comentário, quase indolente, foi: "Absolutamente, não penso mais em ter filhos". Chamo sua atenção para o fato de que é importante fazer uma consulta, uma vez que "todas as partes de nosso corpo merecem ser tratadas com respeito". Outra integrante comentou rapidamente que ela teve um quadro semelhante cinco anos atrás, e que, por se tratar de um tumor benigno, havia feito um tratamento homeopático com resultados muito positivos.

Na sessão seguinte, Samira aparece com a fisionomia cansada e pálida. Ela diz, literalmente: "Conforme o senhor havia recomendado, operei-me imediatamente e já me sinto muito melhor". Nem eu nem o grupo conseguia acreditar! A paciente que havia compartilhado de sua experiência irritou-se e disse-lhe que havíamos dito exatamente o contrário. Como médica, Samira jamais poderia ter escutado isso. Eu sentia um misto de preocupação, raiva e culpa. Em que pude deixar transparecer essa avaliação? Não sendo psicótico, todos nós precisamos de uma base mínima para apoiar a transferência. Ela sorria timidamente, e a hostilidade do grupo crescia, prenunciando uma dessas terríveis situações grupais em que a agressão é atuada de forma destrutiva, não elaborando a agressão, mas lançando-a sobre alguém. Nesse momento, estou prestes a pedir que façamos uma reflexão sobre o que está se passando, buscando retomar a elaboração que impede o *acting*.

A paciente, que havia compartilhado com ela o mesmo problema, pede para fazer um duplo. Meio temeroso, concordo; Samira também, e o duplo diz: "Preciso ver o pacote que está nas minhas mãos" e, assumindo a postura de menina bem-comportada que havia aparecido na dramatização do grupo, acrescenta: "É uma bomba, que vai arrebentar com todo mundo". Samira fica totalmente petrificada, sem dizer palavra. O grupo fica à espera, como se a bomba fosse explodir a qualquer momento. Samira, bastante tensa, diz: "Isto não se refere a vocês". Pergunto a quem se refere. Continuo apreensivo, como que circulando por essa linha de perigo que nós, psicodramatistas, conhecemos tão bem. Samira diz que se refere a seu pai. Peço-lhe uma cena. Nela, Samira nos situa em seus doze anos. Ela era muito alta para sua idade, e parecia mais velha. Um colega de 15 anos convida-a para sair, e ela fica feliz, sai com ele, e volta às 20 horas, contando sua aventura durante o jantar. O pai se enfurece e grita que essa é a maldição do céu por ter tido apenas filhas mulheres. Samira é a mais velha de quatro irmãs. O pai obriga-a a ficar em casa durante um mês, sem sair, nem para ir à escola, razão pela qual perde o ano letivo. Para que ela aprenda, obriga-a a comer o prato que mais detesta: só peixe durante um mês. Interrogada, Samira, no papel de pai, diz que tem um profundo desprezo pelas mulheres, porém que, no fundo, é sua responsabilidade se elas falham. Em sua cultura árabe, o homem é responsável ou culpado pelos atos de sua mulher, e apenas a submissão da mesma assegura a harmonia familiar.

Vamos até o quarto em que Samira cumpre o seu castigo. Cristaliza-se nela o gesto de altivez pacífica. Os homens serão absolutamente responsáveis por ela, e vê-los sofrer será sua vingança. Pergunto-lhe a respeito da bomba e recordo-lhe que, na última vez em que abordamos o tema *a bomba*, tratava-se de seus brônquios, depois de seu útero; então, com muito cuidado, peço que ela inverta papéis com a bomba. Minha instrução seguinte foi a de que se transformasse na bomba. Ela teve uma catarse agressiva moderada, uma vez que não podia soltar-se de minha mão. Pediu ajuda à companheira que havia feito o duplo, que acusara o pai, e se dispôs a vomitar simbolicamente todos os peixes que havia comido, para evidente regozijo de Samira. A seguir, ficamos sabendo que a mãe também achava que, no fundo, era seu fracasso pessoal ser mulher, incapaz de gerar filhos homens.

Samira começou ali o longo caminho de reconhecer-se a si mesma, e o grupo a acolheu afetuosamente.

Agora podemos reconhecer o *complementar interno patológico* configurado com a imagem do pai, os sentimentos da mãe, além das próprias respostas a esses estímulos. Essa condensação é projetada por Samira nas figuras que encarnam a autoridade, e nos homens em geral, distorcendo seus vínculos.

O exemplo é ilustrativo de minha compreensão do processo grupal, em que transitamos pela *interação grupal, pelo psicodrama, pela sociometria e pelos jogos dramáticos grupais.*

Sociometria

Não me referirei aqui à aplicação do teste sociométrico, já que excede os limites do tema. Quero apenas ressaltar que seu uso pode ser de suma utilidade em grupos terapêuticos e de formação. Permite a objetivação das estruturas e redes de vínculos. Creio ser de particular utilidade a avaliação do teste objetivo e do perceptual, o que permite, por comparação, chegar a uma avaliação do índice télico transferencial do grupo e a uma aproximação do conhecimento do "intra". Sua aplicação deve ser feita com cuidado, já que desperta fortes ansiedades persecutórias, devido ao fato de nossa cultura supervalorizar a aceitação como sinônimo de sucesso e temer as escolhas negativas. Especialmente nos grupos terapêuticos, a leitura subjacente das escolhas grupais costuma ser compreendida como "me querem ou não me querem", independentemente do critério específico que se esteja usando para o teste.

Para maiores dados sobre o teste, recomendo a leitura do livro de Moreno sobre o tema *Quem sobreviverá?* ou *El test sociométrico*, de minha autoria, Ed. Vancu, 1980.

Como é enorme a riqueza potencial do enfoque sociométrico, quero me deter em dois aspectos que considero particularmente interessantes para o trabalho com grupos: a determinação das características dos vínculos e o estabelecimento do código dos vínculos.

É de nosso conhecimento que as redes de vínculos se estabelecem baseadas em mutualidades dentro de determinado critério. Júlio escolhe Ariel em primeiro lugar, enquanto Ariel o escolhe em terceiro. A força da escolha nos fala sobre a posição relativa de cada um dentro do vínculo. Quando a força da escolha é equivalente, inferimos que a relação tende à homeostase, a dependência será recíproca, e cabe a ambos cuidar da relação. Os sentimentos de insegurança inerentes a todos os vínculos afetivos serão manifestados por ambos. Ciúmes, temores de perda e abandono, tentativas de controle são vividos de maneira mais eqüitativa. Porém, quando isso não ocorre, as cargas se repartem de maneira desigual, assegurando que um dos dois, o que tiver uma posição sociométrica de menor força, será o que manifestará a posição de insegurança. Desempenhará o papel dependente, o passível de ser abandonado, o que teme a perda, o que não sentirá tanta liberdade para manifestar desacordos e para expressar sua agressão. Júlio tende a montar jogos de controle em relação a Ariel, e busca o domínio na tentativa de inverter a situação. Ariel também provoca ciúmes: quanto mais inseguro Júlio estiver, mais aliviado se sentirá dos prejudiciais e angustiantes sentimentos de insegurança.

Essas considerações são de particular interesse para a compreensão dos vínculos de famílias e casais e objetivam os múltiplos jogos de poder passíveis de serem observados no campo dos vínculos. A constatação da importância da determinação da hierarquia de escolha nos leva a pensar nas ansiedades básicas segundo a denominação kleiniana, não como patrimônio do intra e cristalizadas no mundo interno, mas sim de acordo com o fato de que sua intensidade é relativa ao tipo de vínculo no qual se encontre essa determinada pessoa. Júlio se "vinga" da insegurança com que se vincula aos homens, especialmente Ariel, sendo dominador com sua mulher, que se encontra em posição dependente pelo fato de ter de abandonar sua carreira em prol da maternidade. Assim é que acontece a dança no salão dos personagens internos no intra e também nos vínculos.

A segunda consideração a que desejo me referir é a importância do estabelecimento do código de relação. Todo vínculo faz parte de uma rede sociométrica que contém um código de comunicação. Cada país tem um idioma cuja estrutura advém da evolução de uma cultura e dos valores que detém. Além disso, os idiomas, especialmente os que pertencem ao mundo ocidental, se ajustam à lógica aristotélica. Seguindo uma especificidade gradual, os grupos que falam o mesmo idioma têm claras diferenças entre si conforme a região em que se encontram. Não se fala, em Londres, o mesmo inglês que se fala em Gales, em Nova York ou em Sidney. A diferenciação prossegue quando nos aproximamos dos núcleos familiares: toda família tem núcleos característicos que constituem sua história, seus mitos. Na família de Samira estava proibida a palavra *ódio*. Abolindo a palavra, criava-se a ilusão de abolir o sentimento temido e censurado. A ilusão de criar barreiras faz com que o código se torne mais privado e defensivo, como se se tratasse de muros verbais em relação ao medo, à perda, ao abandono e à morte. Assim, criam-se palavras, neologismos, que só serão entendidos por aqueles que os tiverem inventado, excluindo o mundo depositário perigoso de tudo o que é negativo.

Isso é particularmente notável na configuração sociométrica de casais: criam-se palavras, sinais ininteligíveis para os outros, com a finalidade de dar uma ilusão de unidade indissolúvel. Nos grupos terapêuticos costuma ocorrer que pessoas que tenham uma posição sociométrica fraca dentro do grupo, com a qual se relacionam nesse código, configurem um casal defensivo. Trocam segredos que não compartilham com os outros e, em muitos momentos, estabelecem relações sexuais motivadas basicamente no reforço do vínculo de exclusividade. A dependência é máxima, porém, por ser recíproca, impede o temível isolamento. As distintas configurações sociométricas significam graus decrescentes de defesa, triângulo, cadeia, até chegar ao círculo que representa o grau máximo de complexidade e maturidade sociométrica, com a aceitação do código universal prevalecendo sobre os privados.

Psicodrama: ato e processo

O psicodrama foi desenhado para uma única representação. Toda a estrutura dramática tem começo, meio e fim, com uma grande exuberância técnica e um desenlace natural: a catarse de integração. Moreno nunca trabalhou num *setting* de psicoterapia de grupo semanal, com longa duração, com uma sociometria grupal que se mantém constante dentro de um certo tempo.

No início, relatei o tipo de trabalho que faço e o tipo de enquadre que utilizo. E isto nos conduz a recolocações teórico-técnicas. O psicodrama aplicado a um *processo* difere daquele concebido para uma demonstração pública ou *ato* terapêutico. Os passos do psicodrama (aquecimento, dramatização, compartilhamento) não se cumprem no marco de uma sessão; ao contrário, muitas vezes trabalha-se sob forma verbal, alternando com trabalhos dramáticos grupais, como os já mencionados jogos de personagens, sociodramas, trabalhos sociométricos ou um psicodrama completo. A implementação das técnicas dramáticas é incorporada como um recurso que pode ser utilizado em qualquer momento do grupo sem que ceda lugar a uma dramatização completa. No meio de uma sessão, posso indicar uma mudança de papéis entre dois integrantes do grupo, ou solicitar que um integrante faça o duplo do outro ou um solilóquio. As técnicas dramáticas adquirem um lugar fluido no drama grupal, já que o grupo gera uma grande variedade de técnicas em sua interação espontânea.

Alguns conceitos morenianos também cobram um sentido diferente, trabalhando com esse enfoque, sendo o mais importante a condução terapêutica da transferência. O que Moreno considerava um obstáculo para o trabalho psicodramático é utilizado em psicoterapia de grupo como um valioso instrumento terapêutico. Foi o que vimos ao comentar o caso de Samira. O conhecimento do personagem interno da paciente nos permite ter dois cenários em vez de um: um é o cenário em si mesmo (considerando como tal o salão do grupo como um todo, já que não utilizo cenário formal), e o outro, o cenário virtual, que é o vínculo terapêutico. É neste último que ocorrem intensas lutas no aqui-e-agora, que servem para reparar as experiências negativas, como podem estar a serviço da reconfirmação mítica dos personagens temidos.

E todos nós, que trabalhamos no campo fértil do grupo, sabemos também dos perigos que temos que encarnar, até aqueles que tantas vezes temos trabalhado no cenário. O pai agressivo, a mãe que abandona, o irmão que esmaga o competidor etc. podem filtrar-se subrepticiamente em nossas condutas. Essas atuações do personagem interno patológico ocorrem *sempre*, geradas pelas estimulações por condutas complementares. Por exemplo, o submisso convoca o sádico, o dominante, o dominado etc. A essa dinâmica chamo de superestimulação referencial. Num clima mais controlado como é o campo da psicoterapia analítica de grupo, essas atuações do terapeuta também ocorrem, embora em menor freqüência. Em nosso trabalho como psicodramatistas constitui-se um perigo maior, já que utilizamos a ação espontânea como dinâmica habitual.

A questão é: como resolver isso? Se interpretarmos o fato como sendo algo gerado pelo paciente, estaremos imprimindo uma experiência perigosa e desleal. A melhor maneira de enfrentar o problema é enfocar o vínculo onde ocorreu o incidente, no qual cada um seja responsável pelo que disse e fez e se disponha a indagar sobre as razões que o produziram.

O psicodramatista

O terapeuta de grupo com uma ideologia psicodramática deve dispor-se continuamente a estar envolvido com a ação, assim como estar preparado para distanciar-se, para uma posição de observação. Antigamente, um olhar enviesado levantava a suspeita de ser um psicanalista disfarçado. Felizmente, a antinomia simplificante cedeu lugar à síntese, e hoje nos permitimos, o que antes era pecado, pensar e refletir juntos. Temos consciência de que somos tão capazes de racionalizar como deformação do pensar quanto de uma atuação de *acting out*, conduta em que também podem incorrer os analistas.

Ser espontâneo significa sermos nós mesmos, respeitando nosso estilo e as circunstâncias de vida que, necessariamente, irão manifestar-se em nossa conduta. É um grande erro visualizar o estilo dramático como sendo expansivo e vibrante. Tão mentirosa e antiespontânea pode ser essa postura, como espontâneo e verdadeiro pode ser um silêncio respeitoso. O que importa, sim, e muito, é que se possa ser quem se é de verdade, mais tímido e recatado, ou mais enfático e agressivo. Pessoalmente, sofri bastante com esses estereótipos. Proveniente de uma família de classe média culta, minha ordem natural e espontânea de comportamento é ser bem mais discreto e ter bons modos. Ao ingressar no mundo do psicodrama pensei que jamais pudesse chegar a ser um bom psicodramatista. Numa das primeiras dramatizações a que assisti, em Beacon, o diretor fez com que todo o grupo se atirasse sobre o protagonista para que ele conseguisse reconhecer seus limites. Meu solilóquio, ao sair da sessão, foi algo assim: nunca serei capaz disso, ou vou ter de aprender artes marciais. Não aprendi artes marciais, mas aprendi a arte de ser eu mesmo, e que a espontaneidade vai além do que alguns estereótipos com que a querem aprisionar, e que a palavra *adequação* deve estar sempre acompanhada da espontaneidade para gerar espaços respeitosos, para onde alguém possa voltar seus sofrimentos em busca de alívio e de novas saídas.

Quero dizer o mesmo quanto ao teor emocional do psicodrama. Uma compreensão um pouco ingênua desse tema pode gerar falsas concepções: quanto mais gritos, prantos e sentimentos exaltados, maior a eficácia da dramatização. Ocorre que, quando Moreno propôs seus trabalhos, a emoção era considerada uma instância espúria em psicoterapia. O privilégio do pensar ante o sentir teve como resultado um movimento reativo, em que o sentir era o único válido. Recordo-me da época em que se algum de nós falava que uma pessoa nos prestou a enorme homenagem de nos escolher como terapeuta, colocávamos a responsabilidade de acompanhá-la em uma profunda viagem em sua intimidade, entrando em lugares que nem ela mesma conhecia, para mitigar seu sofrimento e, se possível, aprender a usar seu potencial. Porém sabemos dos perigos que corremos. A dinâmica transferencial nos leva, por vezes, ao perigo de terminar atuando seus personagens, reinscrevendo seus mais profundos temores. Isto nos leva a que a nossa sensibilidade nos guie até a adequação de nossa espontaneidade, dentro do mais sagrado preceito da arte de curar que nos indica: "*primo non noscere*" (antes de tudo não causar dano).

Creio profundamente no psicodrama, porém o mais importante não é o enfoque a partir de onde alguém opere, mas sim o compromisso e a convicção com que o faz.

Catarse de integração

Este fato também incide em nossa postura ante à catarse de integração. Pilar da dramatização enquanto ato terapêutico em sessões abertas como ato único, não ocupa o mesmo lugar na psicoterapia grupal, individual ou de casais. O eu observador que facilita a elaboração da ação deve estar sempre presente antes, durante e depois da ação dramática. O *insight* dramático ou verbal passa a ter tanta importância quanto a catarse, a menos que compreendamos como catarse o "pôr para fora", sem necessariamente significar apenas a descarga. Privilegia-se a elaboração sob forma horizontal e progressiva, como matriz fundamental geradora de mudanças.

Conclusão

Quero enfatizar que o que está escrito aqui é a minha visão da terapia psicodramática. Não creio que haja um único psicoterapeuta que, ao longo de sua experiência, em seu trabalho, não acabe mudando seu estilo particular. A recriação do psicodrama de forma contínua reside em sua própria filosofia. Sermos fiéis a nosso mestre significa aceitarmos o desafio de sermos nós mesmos e recriarmos continuamente nosso próprio universo. Se seu enfoque revolucionário se convertesse numa ortodoxia dogmática, estaríamos em falta com o preceito básico: *seja espontâneo*.

Bibliografia

Bion, W. R. *Volviendo a pensar*. Buenos Aires, Hormé, 1972.
Bustos, Dalmiro M. *El test sociométrico*. Buenos Aires, Vancu, 1981.
_____. *Psicoterapia psicodramática*. Buenos Aires, Paidós, 1976.
_____. *O psicodrama*. São Paulo, Summus, 1990.
_____. *Perigo, Amor à vista*, São Paulo, Summus, 1988.
Fontana, Alberto. *Ediciones de la flor*. Buenos Aires, 1971.
Holmes, P., Karp, M., e Watson, M. (orgs.). *O psicodrama após Moreno*. São Paulo, Ágora, 1998.
Klein, Melanie. *Desarollos del psicoanalisis*. Buenos Aires, Paidós, 1962.
Moreno, J. L. *Quem sobreviverá?* Goiânia, Dimensão, 1992.
_____. *Psychodrama* v. 1. Nova York, Beacon House, 1977.

4
SOCIODRAMA PÚBLICO: DO SONHO AO PROJETO POR INTERMÉDIO DO PSICODRAMA

Há alguns meses, a psicóloga Wedja Granja Costa, formada pelo Instituto de São Paulo, começou a considerar a idéia de criar uma ramificação do instituto em Fortaleza, onde ela reside. Poderíamos ir a certos lugares, onde há necessidade de aprender psicodrama, em vez de pedir-lhes que venham até nós. Com essa premissa, há anos comecei a viajar para São Paulo e, antes, muito antes, para Córdoba e Montevidéu.

A idéia me seduziu, e Elena e eu fomos convidados, para participar de um Congresso de Educadores Católicos, em julho de 1995. Elena trabalharia durante dois dias com um grupo de cerca de cem pessoas, e eu o faria em plenário durante quatro horas. Apesar de saber que não éramos católicos, interessaram-se em conhecer o psicodrama por nosso intermédio.

Fomos muito bem recebidos, com muito afeto, tão típico dessa terra de sol e brisa, em que seus habitantes conhecem bem a luta contra a adversidade sem abandonar o sorriso e o otimismo.

Coordenei um grupo de vinte psicodramatistas durante um dia. Foi uma experiência muito boa. Sempre me espanto pelo tanto que se aprende a respeito de um lugar a partir do contato com a alma de sua gente, por intermédio do psicodrama. É como se a terra se manifestasse, viva, já não como paisagem assimilável a outros, mas como aquilo intransferível, único. A paisagem adquire vida por meio de risadas, prantos e silêncios. É um grande privilégio conhecer a dimensão de um lugar e internar-se — nesse caso particular — na infinita sucessão de desertos e mares que vibram nessa terra.

Na segunda-feira à noite fomos à abertura do Congresso, num local com espaço para quatro mil pessoas. Havia um cenário enorme com uma grande mesa fixa na parte da frente. Abaixo via-se apenas a cabeça das autoridades, muitas delas figuras de alto nível eclesiástico. Num lado, outro cenário menor parecia representar um mundo mais acessível, mais aberto, mais próximo. Era liderado pela irmã Eulália, e ali se entoavam cantos de alto conteúdo, de Terceiro Mundo, como um chamado "Acorda, América Latina". Em seu ritmo, a audiência se movia. Simbolicamente, a irmã Eulália foi a única mulher que, em certo momento, mudou-se para a mesa solene.

Todos os meus planos de trabalho desmoronaram diante do tamanho e da composição do auditório. Assim, na quarta-feira, último dia do Congresso, convidaram-me para subir ao cenário maior. Dali pude contemplar o mar de 3600 pessoas ou mais. Desafio aterrador. Se da parte inferior via-se mal, da superior era pior. Quando estou para dirigir um psicodrama, deixo que os estímulos gerem em mim respostas, imagens de minha própria vida. Isto me ajuda a torná-las disponíveis. A pessoa que me apresentou o fez com grande carinho; cada vez que eu me dirigia a ela, me enganava no nome: em vez de Socorro, chamava-a de Rosário. No torvelinho de sensações e recordações que me acorrem nesse momento, aparece uma cena em que, sendo eu muito pequeno, aprendo o catecismo com duas freiras, uma chamada Rosário e a outra Socorro. Eu evitava chamá-las pelo nome, já que, inevitavelmente, as confundia. Compartilhei a lembrança e o santo remédio do riso permitiu uma certa descontração, principalmente para mim, sem dúvida, o mais assustado de todos os presentes.

A visão da parte superior era mais assustadora porque, além de tudo, havia no centro do salão uma grande rampa de acesso ao lugar. Parecia um grande agulheiro negro, a despeito de sua cor amarela.

Após os agradecimentos de praxe, dei-me conta de que ali não poderia trabalhar: sentia-me como no rapto das Sabinas, apenas uma cabeça dependurada. Pedi licença e mudei-me para o cenário lateral e de dimensão menor, mais baixo, e sem obstáculos entre o público e o espaço dramático. O grande movimento foi um aquecimento, já que, além de acomodar o público, a mobilização em si mesma é uma mensagem de participação.

Costumo iniciar com duas mensagens, a primeira destinada a expor claramente as regras do jogo: digo-lhes que eu estou me aquecendo, me preparando, para que o trabalho não seja algo previamente concebido, mas produto de uma interação. Enquanto me sentir tenso, não começo o trabalho específico, já que a tarefa ficaria impregnada por essa tensão e a condicionaria. A fórmula única nesses momentos é compartilhar sinceramente o estado de ânimo. Com isso, convido ao compartilhamento. Se posso rir um pouco de mim mesmo, melhor ainda. O único problema era que, naquele momento, eu não podia rir. Quando no início do trabalho começaram a chamar cada um dos estados, e seus representantes iam se levantando, Acre, Roraima, Amapá, São Paulo, Ceará etc., uma forte emoção começou a tomar conta de mim. Era a imagem desse país que me recebeu com tanto respeito e carinho. Os rostos queridos de alguns que já não se encontram entre nós apareceram nitidamente: Suzy, Marcelo, Vicente, Marisa. Eu estava com eles no momento mais trágico da minha história, em 1977, quando meu sobrinho Pablo foi assassinado. Também me encontrava em São Paulo quando me avisaram que, em 2 de abril, houve a queda das Malvinas, levando na louca aventura meu filho mais velho. O carinho dos brasileiros foi o que me permitiu enfrentar essas circunstâncias da melhor maneira possível. Ao compartilhar o que me ocorria, a tensão aliviou-se de forma notável e pude ancorar o grupo numa justificativa de compartilhamento.

O fato de ter mudado de lugar já havia criado um clima de participação, em que, na realidade, o caos representa apenas um anúncio da espontaneidade: as pessoas dispõem-se a sair dos estereótipos para recriar seu universo. Eu também devia lutar contra estereótipos: avisavam-me de que, para poder filmar, eu teria de trabalhar apenas no centro do cenário. Para que os de trás — e era *muito* atrás — me ouvissem, eu teria de falar muito próximo ao microfone. Faziam-me sinais de que não estavam ouvindo bem. A espontaneidade estava colocada em xeque pela tecnologia.

Decidi que a melhor maneira de continuar o aquecimento seria dividir o grupo em dois, atribuindo um sinal a cada um. Duas palmadas, um som e um movimento de cabeça para o grupo à esquerda, e uma palmada e um golpe com o pé para os da direita. Pedi-lhes que usassem esses códigos para entabular uma conversa. O grupo aceitou a ordem, achando divertido e descobrindo assim o primeiro princípio de organização: a oposição. Enquanto algumas pessoas de um grupo começaram a emitir um sinal, o outro grupo criou outro sinal, não de acordo com a instrução, mas em resposta espontânea ao primeiro. Eram sinais guerreiros. Uns disseram *sim* e outros *não*, e, em seguida, trocaram sinais. A luta prosseguia, encarniçada. Imediatamente, da parte posterior do salão, surgiu um novo sinal unificador, que pouco a pouco foi impregnando o grupo todo. Ao som da nova opção, o grupo todo começou a mover-se num suave balançar.

O nome do Congresso era: "O professor necessário à construção da cidadania". Então, obtido o aquecimento inespecífico, pedi que cada um, em seu lugar, sonhasse com a comunidade desejada e, depois de alguns momentos, dissesse o elemento essencial que deveria compor essa sociedade. Apareceram: justiça, paz, trabalho, alegria, esperança, paixão, sensualidade, educação para todos, água (lembre-se de que estamos numa zona de seca, de falta de comida etc.).

Solicitei que cada um dos que fossem falando passasse para o cenário, a fim de representar corporalmente o aspecto desejado, que emitisse um som e que criasse um personagem que representasse esse aspecto. Sempre, no psicodrama, tratamos de sair da ambigüidade da generalização para entrar no compromisso do mais particular e significativo. Apareceram Cristo, Luiz Gonzaga, Lula, Paulo Freire, Tarzan. Pedi que compusessem ativamente essa comunidade. Cada um foi escolhendo cuidadosamente o lugar onde se colocaria. A atitude de compromisso ante a responsabilidade de construir a comunidade desejada, em vez de se queixar diante do que fora realizado por outros, foi notória. Foram sugeridas modificações a partir do grupo maior; não devíamos nos esquecer de que os que foram para a frente eram representantes, porta-vozes do grupo (povo). Oxalá recordassem-no com maior freqüência nossos governantes que, ao chegar ao "cenário", sentem-se donos do lugar. Tive de limitar o número de participantes; todos queriam subir. Pedi que atribuíssem movimento e som à comunidade. No começo, foi o caos. Pouco a pouco eles foram se organizando, e apareceu uma canção de Chico Buarque, que foi cantada em coro pelo grupo todo.

Terminamos essa primeira parte e houve um intervalo de meia hora. Nesse momento, aproveitei para elaborar os próximos passos: o sonho converteu-se em projeto; agora, deveria ser viabilizado para não reforçar o ilusório.

Minha primeira pergunta foi: o que é o melhor, real e possível que cada um possui para colocar como contribuição a esse projeto? Rapidamente foi dito: amor, dedicação, perseverança etc. O grupo maior resplandecia de boas intenções. Em seguida, pedi que se voltassem para dentro de si mesmos, fechando os olhos. Pedi que cada um então mergulhasse dentro de si em busca de aspectos negativos, que não serviam para ser oferecidos para o projeto. O dogma católico resolve essa equação por meio da seqüência: *pecado, confissão, arrependimento, absolvição*. Consciente de quão arraigada é essa seqüência, propus que ficassem alguns momentos em contato com aqueles aspectos negativos e, assim que desejassem, passassem a nomeá-los. Os mais mencionados foram: *inveja, ambição pessoal, ódio, preguiça, egoísmo*. Pedi que localizassem esse aspecto numa parte do corpo, apoiando ambas as mãos nesse lugar, carregando a energia nelas contida. Agora, com essa energia já depositada nas mãos, solicitei que expressassem, com relação a esse aspecto de cada um, o que sentiam ao entrar em contato com o ódio, a inveja, a repulsa, a vergonha, a culpa, a rejeição etc. A seguir, sugeri que observassem o que ocorria com esse aspecto quando a ele se juntavam esses sentimentos. Sensação de surpresa em relação ao caminho que esse trabalho delineava, seguida de uma constatação ao ouvir o que sentiam: o aspecto rejeitado crescia, piorava. Tensão geral.

Pedi que, então, lentamente, procurassem as mãos de seus companheiros, criando uma grande corrente e sentindo a energia ao redor do grupo. Vi como, espontaneamente, as mãos se levantavam em posição de oração. Pedi que formassem entre si um grande berço* (essa imagem me foi sugerida lá de cima), e que permitissem que esses aspectos inúteis e rejeitados se aninhassem neles. Os braços encarnariam o berço, e o corpo, o aspecto rejeitado. O grande grupo começou a se mexer. Disse que, talvez, apenas uma vez, esse aspecto pudesse transformar-se nesse novo lugar. Novo assombro, apenas com o detalhe de que, dessa vez, ele era divertido, alegre, emocionado. Em que se transformava? O ódio em força, a inveja em compromisso, em luta etc. Pedi que, a seguir, oferecessem à comunidade essa nossa parte que conhece a injustiça e os maus-tratos. Conhece a dor. Aqui o compromisso afetivo chegou ao máximo. A comunidade, que ainda se encontrava no cenário, recebeu emocionada a oferenda.

A mensagem foi clara: nada é bom ou mau em si mesmo, apenas existem maneiras diferentes de encarar nossos diferentes aspectos, e isso é que é possível mudar. A solidão faz com que escolhamos o caminho mais curto para resolver nossas ansiedades, geralmente apelando para a censura e a rotulação a partir de uma noção maniqueísta do ser humano: tudo é bom ou mau em si mesmo. Essa concepção do mundo empobrece e limita os recursos para a luta por nossos objetivos.

Haviam transcorrido três horas e meia, empregadas numa viagem pelos sonhos, projetos e recursos de que dispúnhamos. Compartilhei minha sensação de agradecimento pela confiança. Era a primeira experiência com um grupo tão grande, e vai para o meu próprio livro Guinness de recordes. O maior grupo até então havia sido de umas 1500 pessoas. Eu achava que, a partir de certo número, daria na mesma, mas não é bem assim. A enorme energia de um grande grupo pode levar a uma mania, estimulando um messianismo que provoca uma perigosa perda de limites. Eu o senti em vários momentos. Se o psicodramatista não sucumbe ao delírio de ser o produtor e compreende que apenas tem em suas mãos uma técnica de grande força para o trabalho com grupos, isso pode resultar numa experiência de muito valor. O psicodrama contém uma teoria, uma proposta de encontro e um grande arsenal técnico. Assim compreendido,

---

* *Berço*, em espanhol, é *cuna*, que quer dizer também *pátria*. (N. T.)

constitui-se num poderoso instrumento para trabalhar com grandes grupos. Porém se o trabalho entrar por uma via narcísica, muito estimulada nesses casos, pode produzir efeitos negativos e empobrecedores.

A experiência deixou em mim um importante saldo de aprendizagem, por isso quis compartilhá-la.

Buenos Aires, agosto de 1995.

5
ÉTICA E PSICODRAMA

Os valores dominantes no mundo atual condicionam regras do jogo que qualificam o comportamento dos seres humanos. Tanto a ética quanto a moral são produtos de uma sociedade que tenta manter sua organização ideal. Cada época contém um modelo de organização social com aspectos positivos e suas contrapartidas negativas. A constância nos valores e a clareza nos limites são condições de segurança básica, que permitem o crescimento e a afirmação dos membros da comunidade. Toda civilização contém regras que configuram o paradigma que ampara o gênero humano. Salvo exceções, todos os núcleos sociais coincidem na proibição de dispor da vida alheia: não matarás. A proibição do incesto protege a espécie humana das deformações causadas pela consangüinidade. São arrimos que marcam um limite: até aqui se pode chegar.

Todos os valores são dinâmicos e vão variando de acordo com os costumes. O grande paradigma contém variáveis que têm respeitado as diferenças dos vários grupos humanos. Porém geralmente tem havido uma comunidade que lidera as outras e marca as metas desejáveis e as condenadas. Essa comunidade sempre teve um contramodelo passível de crítica, o qual lhe permite manter seu próprio equilíbrio, projetando o inimigo para fora e reforçando seus próprios propósitos. Oriente e Ocidente têm representado esse equilíbrio em nosso tempo, e a queda do muro de Berlim gerou um desaparecimento dos limites, tentativa de integração que durou pouco, já que rapidamente se encontrou outro inimigo, representado pelo mundo muçulmano.

Esse maniqueísmo está na mesma base dos paradigmas éticos básicos, os quais se apóiam na proibição do incesto e do assassinato. Ilumina-se o proibido, censuramo-lo e condenamo-lo e, ao fazê-lo, exaltamo-lo. Toda a civilização se apóia na proibição, na repressão de condutas como o canibalismo, que, se tivesse persistido, teria destruído a raça humana. A subjetividade configura-se dentro desses modelos repressivos essenciais...

Os meios de comunicação e a massificação de costumes, assim como a globalização da economia, geram um apagamento das características dos povos, penetrados pelos modelos dos países dominantes. Os *shows* de massa, a tevê a cabo, o cinema ensinam uma cultura e mostram valores que operam como modelo, metas a serem alcançadas. O consumismo ensina que é bom evitar o trânsito por espaços interiores. Os vazios, dolorosos porém necessários, inerentes aos seres humanos, nos indicam rumos, vigências de metas. Conduzem-nos à inelutável e temida consciência de ser. Quem sou? Para onde dirijo minha vida? Qual é a minha essência? O que nos conduz à temida consciência de finitude. Se conseguirmos sustentar esse doloroso trânsito, poderemos chegar à diferença entre o essencial e o acessório.

Porém, essa introspecção coloca em risco uma dominação que se baseia no imediato, a dinâmica do *fast food*. Sem dúvida, essa ansiedade sua se produz porque você não usa determinado cosmético. Na falta de um certo produto, você perdeu a chance de chegar ao paraíso. O consumismo é uma resposta clara que explora a ansiedade do ser humano, em eterna e infrutífera busca de sua essência. Logicamente, o maior êxito dessas estratégias para conseguir lucrar com a ansiedade tem seus maiores adeptos entre os adolescentes, que constituem o maior mercado consumista. Enquanto nos preocupamos com que nossos filhos não caiam nas mãos de seitas daninhas que se nutrem da sua vulnerabilidade, abrimos as portas para essas drogas disfarçadas de produtos inofensivos.

Outro dentre os valores imperantes é a exagerada importância da imagem. Os políticos se preocupam muito mais com a imagem do que com o conteúdo real. Nesse grande teatro, há duas categorias: aqueles que se desesperam correndo atrás dos símbolos de felicidade e os que observam tudo a partir da alienação da miséria cotidiana, os que não podem senão sobreviver, sonhando algum dia obter o passaporte para essa felicidade de plástico.

Os modelos de poder deveriam representar os valores positivos de uma época. Quais são os modelos que temos? Representam a sociedade desejada? Os olhos estão pousados nos Estados Unidos que, sem dúvida, representam a referência mais massificadora. O idioma inglês impregna todo o mundo como o novo esperanto, e traz consigo o pacote de normas e valores da cultura que representa. A verdadeira norma ética está tão clara, que não faz falta que seja denunciada por nenhum jornalista de esquerda, está ingenuamente exposta em filmes que narram assassinatos impunes perpetrados pelo poder político e econômico. Ou os apoios claros aos ditadores, na medida em que eles eram úteis a seus fins... Que valor ético formula essa situação? Basta ter poder para ter direitos a transgredir, a despeito daqueles preceitos básicos que sustentam nossa sociedade. Quer dizer, a lei é sempre para os outros.

Se pensamos que esse paradigma é como uma pedra que cai na água, poderemos entender que nas sucessivas ondas que se expandem vai se reformulando em: chegar ao poder autoriza a transgressão. Fica legitimada. E chegar ao poder pode ser conseguir algum dos seus símbolos: ter dinheiro (não importa como consegui-lo), ser conhecido (não importa por que), ter conhecimentos, força física, beleza, armas. Há muitos etcéteras que poderiam ser citados, porém quero deter-me nesse último aspecto.

Todos nós ficamos chocados com os assassinatos em Arizona e Oregon. Crianças assassinas que matam seus companheiros e professores. Um ato que produz sentimentos contraditórios, rejeição e horror, por um lado, e desespero por ver que foi cometido por crianças de cerca de dez anos de idade. Se nos abstraímos de possíveis motivações individuais e familiares, que são os filtros que amortecem ou potencializam os valores sociais, veremos o fato denunciando a tremenda mensagem: "Se tenho poder, armas, posso fazer o que quero, sem conseqüências. Não posso deixar de lado exemplos claros como o de Carlos Monzón, que acaba assassinando sua mulher, ou do ídolo Maradona, que se destrói progressivamente numa desesperada falta de consciência de limites. Tenho poder, as pessoas me adoram, tudo posso". O verbo poder passa a ser substantivo, de ação que leva ao movimento transforma-se num fim em si mesmo.

Muito me preocupa o modelo que está sendo gestado e, mais ainda, nossa passividade diante do mesmo. A denúncia é apenas um passo, indispensável, porém insuficiente. A única coisa que pode ir gerando respostas é a busca de alternativas ideais, porém possíveis. O que fazer?

Em meados deste século que finda, o psiquiatra romeno, vienense e americano Jacob Levy Moreno, criador do psicodrama, da sociometria e da psicoterapia de grupo, luta transgressoramente para reconectar o ser humano à sua essência: a espontaneidade e a criatividade. Diz-nos que o compromisso do ser humano e, em especial, da psiquiatria, está dentro e fora das paredes de seu consultório. Instrumenta-nos com poderosas técnicas que podem chegar a penetrar em grandes grupos humanos. É o instrumento a serviço de uma proposta ideal, que pode servir para que as pessoas tomem contato com a sua essência. A solidão que emana do modelo individualista existente leva ao desamparo e à sua conseqüente angústia, que denuncia um vazio profundo. Muitas vezes, se permitimos que nossa angústia nos oriente, vamos ouvir um enorme NÃO. Porém esse NÃO se perde na solidão. E os canais convencionais de expressão conjunta estão totalmente desacreditados, como é o caso dos partidos políticos. Suspeita-se que chegar ao poder é chegar à fonte de satisfação de ambições pessoais. A imagem do político como um ser dedicado a serviço da comunidade produz dolorosos ridículos. Política e corrupção já estão indiscriminados no imaginário coletivo. Onde pôr os sonhos e utopias?

Moreno nos presenteia com um método que nos permite conduzir grupos grandes; o sociodrama não é apenas um fortíssimo mobilizador, mas também um instrumento que solicita a consciência de força do conjunto. Ninguém pode o que podemos juntos. Pode ser um meio de sair do isolamento e da desesperança que buscam paliativos como as drogas ou o consumo e nos outorgue a consciência do verbo poder, que devemos usar responsavelmente, se é que queremos colocar alternativas ante um modelo que está devorando a essência do ser humano. Para Moreno, a ética é um compromisso imediato e cotidiano com a realidade, ou não passará de um recurso retórico que serve de equilíbrio e apoio necessários aos valores que denunciamos.

Ética: segunda parte

Vejamos agora outro aspecto, mais inerente à nossa profissão de professores e psicoterapeutas. Há alguns anos, o campo da psicoterapia estava dominado por sua primeira manifestação organizada: a psicanálise. Os códigos éticos que regiam o exercício da profissão eram claros e coerentes com a proposta. Marcavam transgressões que protegiam as regras do jogo, os limites que graduavam as mesmas como faltas leves, tais como fazer comentários pessoais para um paciente ou estabelecer um contato fora do consultório, que era considerado um conflito que obstruía a transferência: o terapeuta devia oferecer uma tela de projeções sem interferências com a realidade. Essas faltas eram dirimidas no enquadre de uma supervisão, espécie de confessionário em que se depositavam os difíceis limites entre o permitido e o proibido. A análise didática também propunha quem estava em condições psicológicas para a prática da psicanálise e quem não estava. Criava-se um enquadre protetor de uma prática que se convertia numa poderosa estrutura. Todos nós conhecemos o abuso de poder que isso representava, em que, em casos que presenciei, chegava-se a desvelar situações íntimas do candidato no enquadre de entrevistas de admissão. Sem dúvida, excluindo-se esses abusos, ditavam normas e estas tinham parâmetros num enquadre internacional que fiscalizava o exercício.

Há exemplos ressonantes, como o do caso Lobo, psicanalista brasileiro que colaborou com torturadores e foi denunciado e punido pela Associação Psicanalítica Brasileira. O fato é que a psicanálise não cobriu todas as expectativas, e começaram a aparecer alternativas. Felizmente, muitas delas são sérias, com enquadres teóricos bem fundamentados, sólidos, tais como o psicodrama, a bioenergética, a gestalt, o sistêmico etc. Cada um foi criando suas próprias instituições, que marcariam os limites do permitido. Num primeiro momento, houve desconcerto. Somava-se à prática dessas alternativas as restrições aplicáveis à prática da psicanálise, porém, se transportadas para outras situações, convertiam-se em meros rituais sem consistência, sobretudo nas terapias que enquadram a posição de Encontro como sendo essencial a determinada linha de trabalho. Eu mesmo passei por essa etapa. Da distância desejável como psicanalista, aquela em que Melanie Klein condenava um mero aperto de mãos, passei a ver Moreno, que tocava, ria e chorava com seus pacientes. Caíam estrepitosamente os muros que separavam o bem e o mal. Ninguém me dizia qual era o limite, ninguém me dava segurança. E eu necessitava dela. Aos limites justificados a partir de determinado enquadre, questionava-se um outro. Confusão.

Fui assistindo, com espanto, à caótica aparição de alternativas que prometiam curas rápidas, baratas e indolores. São praticadas por pessoas a quem se concede um certificado de habilitação que não tem nenhum valor legal. Essa zona ambígua já havia aparecido na psicanálise; muitos psicanalistas não podiam exercer legalmente a profissão por não serem nem médicos nem psicólogos; no entanto, estavam sob o amparo de uma instituição privada. Há grandes nomes em nosso país que se encontram nessa categoria. Arminda Aberastury é uma delas, e ninguém pode negar seu valor em nosso mundo psi. Todavia, a instituição era forte e dava um respaldo que garantia a responsabilidade. Na Europa, houve inúmeros casos, como a própria Melanie Klein.

No entanto, a proliferação de pessoas "habilitadas" para a prática da variada quantidade de propostas nos defrontam com um conflito grave. Quem as fiscaliza? Quem controla e limita o exercício? Lamentavelmente, ninguém. É o reino do vale-tudo, que vai gerando uma progressiva degradação de nossa profissão aos olhos do público. Temermos esses milagreiros, e com razão. Há pouco, trouxeram-me para uma consulta um rapaz de 15 anos, que havia sido diagnosticado como esquizofrênico por um desses "profissionais". Ele estava sendo tratado com uma "psicoterapia" baseada em longas sessões de meditação, seguida de conselhos. O rapaz tinha uma deficiência orgânica, com um quociente intelectual muito baixo, e pedia um enfoque totalmente diferente. Há casos ainda mais graves.

A reação ao excesso de rigidez é quase sempre o exagero. Da grande proibição passa-se ao vale-tudo. Porém, chegou a hora de restabelecer as regras do jogo e marcar o mais claramente possível os limites entre o permitido e o não-desejável, transgressor ou incorreto. E deixar claros os porquês. Não se pode praticar o psicodrama com as regras restritivas da psicanálise, mas, tampouco podemos deixar tudo liberado à própria consciência ética. A ética marca fronteiras, e mesmo no caso da transgressão, quem incorre nela SABE que o está fazendo. Se tocar um paciente é antiético para a psicanálise, deixa de sê-lo para o psicodrama ou para a bioenergética, que requerem essa aproximação. Porém, qual é o limite? Como a maior parte das situações-limite, em nossa cultura, tem a ver com a agressão e a sexualidade, até onde se pode chegar?

A agressão é própria de qualquer relação a longo prazo, e também ocorre entre paciente e terapeuta, qualquer que seja a técnica utilizada. A hostilidade encoberta de muitos terapeutas pode ser disfarçada por interpretações cujo conteúdo é altamente desqualificante. Ou pode aparecer sob a forma de diagnósticos ou prognósticos nefastos, amparados no poder conferido pela transferência, presente em toda relação, mesmo quando, perigosamente, pretendamos negá-la. O paciente deposita figuras protetoras e temidas e, muitas vezes, o terapeuta não as discrimina e as atua. O mundo desenrolado diante de nossos olhos é a acumulação de fantasmas que buscam manifestar-se para serem exorcizados, e não para serem encarnados pelo terapeuta. Estar comprometido numa profunda e intensa relação afetiva não implica abandonar a responsabilidade de manter o grau suficiente de distanciamento para ir caminhando pela difícil borda que separa o reparatório do hiatrogênico. No meu ponto de vista, não existe a possibilidade de mudanças profundas num paciente sem que se produza um vínculo profundo e intenso. A verdade do vínculo terapêutico rubrica ou invalida os conteúdos trabalhados no cenário. São profundos, intensos e delicados momentos da terapia. O mito do conflito está à espreita e não quer retirar-se de seu possuído. E monta ciladas para o terapeuta. É verdade o que estou vendo? Posso deixar de me esconder? Baixo a guarda?

O bom conhecimento e a compreensão da transferência é essencial. Reconhemo-la pela falta de espontaneidade complementada por um grau variável de ansiedade. Onde há ansiedade não há espontaneidade, e esta indica a provável presença de situações transferenciais. Nesses momentos o terapeuta deve recolher-se à posição de distanciamento e observação que permita elaborar. Na transferência, a ação terapêutica corre o risco de transformar-se em simples atuação. Outra pergunta significativa: será que a agressão que eu sinto é proporcional ao estímulo? O que mobiliza em mim? Porém o limite ético está ali: em hipótese alguma devemos submeter um paciente a uma agressão que só renova velhas e dolorosas feridas, deixando-as reconfirmadas num âmbito que deveria tentar expô-las tão-somente para repará-las.

A segunda situação refere-se à sexualidade. O psicodrama permite e indica que a fluida participação do corpo seja parte de uma dinâmica desejável. Julgamos, aproximamo-nos, abraçamos em momentos dolorosos, sustentamos o que cai, acariciamos o carente. Saímos da proibição que dizia que em terapia não se deve dar de si, deve-se facilitar que o paciente aprenda a procurar em outros âmbitos. Sempre fugi das falsas opções: quando se trata de uma profunda carência, deve-se dar de si como forma de baixar a tensão, e, assim, facilitar a busca. Recordo-me de uma vez, como psicanalista, que peguei na mão de uma paciente que se encontrava em estado de profundo desespero. Meu supervisor daquela época, que era excelente, advertiu-me sobre os perigos desse tipo de intervenção. Julguei que meu pecado fosse enorme e prometi, felizmente sem consegui-lo, que jamais voltaria a fazê-lo. Anos mais tarde, encontrei-me com minha paciente, que me abraçou e disse-me que aquela vez em que peguei sua mão, emocionado, foi um marco em sua vida. Compreendi, então, que só a verdade tem o milagroso poder de cura.

Porém, e o limite? Ou seja, e a ética? Posso, em nome da verdade, ultrapassar o limite e, por exemplo, manter uma relação sexual com minha cliente?

Minha resposta é contundente: NÃO. Depois de anos vendo mulheres violentadas nos consultórios, tenho ao menos que censurar esse ato, que implica o uso do paciente em seu próprio interesse e como satisfação de seu desejo. O poder conferido pela transferência é perigoso, mas mais perigoso ainda é o conferido por uma confiança que nos diz: permita-me que me exceda em minhas fantasias, que lide com elas a fundo, porém, que não te aproveites. E compreendamos que somos pessoas passando, muitas vezes, por carências afetivas e sexuais, insatisfações e frustrações. E cambaleamos. Abre-se um oásis diante de nossa sede. Vemo-nos como heróis maravilhosos e desejáveis, depositários de todo o possível. Que tentadores são esses olhos. Muitas vezes o limite foi eliminado. E às vezes surge o amor, que vemos como verdadeiro. Em que pesem transferências e ilusões, é certo. Amo e sou correspondido. Por que não buscar o que me está sendo oferecido?

Grave dilema. A quem sou fiel? A meus princípios, que fazem com que eu saiba que isso é ilusório, ou ao meu desejo, que busca satisfação? Nesses momentos, me acompanha o preceito básico da medicina, pilar do juramento hipocrático: *"Primo non noscere"* ou, antes de tudo, não causar dano. E o reforça o fato de ter visto muitas mulheres que depois demoram anos para elaborar as fantasias incestuosas, a culpa e o ódio que aparecem depois de experiências desse tipo, algumas muito gratificantes e mutuamente consentidas. Porém é importante recordar que no enquadre de uma relação terapêutica tudo faz parte de um imaginário, em que nada é o que parece ser na superfície. E é responsabilidade inequívoca do terapeuta sabê-lo.

Isso não ocorre apenas com pacientes mulheres-terapeutas homens. Há pouco, encaminhei um paciente homem, jovem, sem recursos, para uma instituição. Ele foi atendido por uma terapeuta que, após algum tempo, confessa que se sente atraída por ele, e que, dadas as circunstâncias, convida-o a se encontrarem fora do consultório e suspender o tratamento em nome da norma ética. Assim o fazem, e vejo o paciente umas semanas depois, vítima de uma crise de pânico: confirmaram-se meus mais temidos mitos. Deixar de ver-se no consultório não faz com que termine a relação transferencial. Essa não se dissolve por decreto e requer uma difícil elaboração.

O psicodrama tem características que o diferenciam de outras técnicas, uma vez que coloca a possibilidade do trabalho com um grupo aberto. Refiro-me ao psicodrama público.

Todos nós sabemos que o psicodrama tem seu *locus* no âmbito público e foi sofrendo transformações, adaptando-o ao pequeno grupo e, posteriormente, ao trabalho individual e de casais. Isso redefine as regras do jogo. O teatro, primeiro referente do psicodrama, é realizado diante de um público aberto, sem seleção prévia. Surge um protagonista que trabalha o conflito colocado, e o grande grupo reaparece por meio do indispensável compartilhar. Desnuda suas feridas e expõe sua intimidade. Como eu vinha da psicoterapia psicanalítica de grupo, via com receio essa exposição. Tive a possibilidade de indagar os resultados em várias e diferentes culturas. Os protagonistas respondiam quase unanimemente que sentiam haver tido uma experiência transcendental. O eco do grande grupo facilitava a drenagem profunda das feridas expostas. Recordo-me de uma pessoa, em particular, que manifestou que trabalhar em público foi como "sair de uma cova, onde se sentia um bicho raro".

O mesmo não ocorre no que se refere ao público. Embora eu tenha obtido respostas favoráveis, desde *insights* importantes até aberturas significativas, também ouvi pessoas que sentiram muita angústia, sem possibilidade de elaboração posterior. Certamente, a mobilização é considerável, e isso deve ser manejado com prudência. Se se tratar de um público com um grau de esclarecimento e formação psicológica, poderemos abrir um pouco mais o nível de aprofundamento público de um conflito, sem correr riscos em excesso. Um bom compartilhamento permite que o público tenha um espaço adequado para sua própria catarse. A universalidade dos temas escolhidos e a habilidade do diretor para promover a dinâmica nessa direção são outros condicionantes para se fazer um trabalho público que pode ser muito importante, sempre e quando o diretor respeitar os limites éticos que indicam como regra essencial o que mencionei anteriormente: *"primo non noscere"*, ou seja, *"antes de tudo, não causar dano"*.

Isto não quer dizer que devamos abandonar a idéia do trabalho público, que foi a pedra fundamental do psicodrama. É necessária uma clara adequação, palavra-chave para qualquer ato da vida. Se o público for composto por pessoas que possam conter positivamente um trabalho profundo, e se puderem se responsabilizar pelos sentimentos mobilizados, então é importante poder prosseguir com um psicodrama completo. Caso na etapa de aquecimento o diretor sinta tensão, primeiro deverá compreendê-la para depois determinar o caminho a ser seguido. Se sentir uma audiência tensa e resistente, ele poderá buscar um certo alívio com algum exercício de descarga de tensões. Se o clima persistir, ele poderá seguir dois caminhos: um deles seria sugerir um psicodrama interno, no qual as pessoas possam viver a experiência sem exposição da intimidade. O outro é aquecer o grupo para cenas significativas da vida que despertem um sorriso. Como experiência, ambas são extremamente ricas. A boa condução do aquecimento e a consciência de limites protetores farão com que um trabalho aberto mantenha-se dentro do amparo dos limites éticos.

Um último tema que desejo abordar neste trabalho é a posição dos parâmetros éticos na situação de crise pela qual passa nossa profissão. Os consultórios, mesmo os normalmente muito cheios, passam por um esvaziamento importante. A angústia do terapeuta cresce, simplesmente porque vê ameaçada a fonte de seu sustento. O desespero pode fazer com que se inverta a relação de necessidade: em vez de o paciente trazer suas necessidades e angústias, é o terapeuta quem depende, de forma urgente, de seu paciente. Aí, podem aparecer condutas de sedução, dirigidas a reter o paciente. Interpretar sistematicamente como resistência um desejo de encerramento da terapia é um grave abuso de poder. Tenho visto, inclusive, pacientes que chegam à consulta com uma ferida estabelecida por uma "consciência de doença" cheia de rótulos invalidantes. Pode-se fixar uma pessoa a aspectos parciais, para que se torne dependente, e não deixe de ser uma fonte de sustento, necessário e às vezes peremptório. Alimentar esses aspectos é também algo que considero uma falta grave, primeiro e fundamentalmente para o paciente, mas também para o terapeuta, já que para justificar esse tipo de conduta irá necessitar de uma grande quantidade de energia, que sempre é necessária para acompanhar um processo terapêutico. Nós, terapeutas, felizmente temos um superego severo que atua por meio da angústia quando deixamos de ouvir as ordens éticas. A depressão do papel leva muitas vezes ao isolamento. Quando aquilo de que mais precisamos, em momentos de crise, seriam espaços de nutrição onde pudéssemos compartilhar e, juntos, encontrar saídas condizentes com as regras éticas essenciais.

Ocorrem casos ainda mais graves: o roubo de pacientes. Recordo-me das normas dos meus primeiros anos de trabalho. Se alguém era chamado para consulta, a intervenção deveria estar marcada pela consciência do respeito para com o médico ou terapeuta responsável. Se se chamava um psiquiatra para medicar, havia uma certa confiança de que ele não se apropriaria do paciente com uma crítica manifestada a este sobre a condução do tratamento. Se havia objeções ou diferenças de critérios, estas deveriam ser abertas no âmbito adequado, ou seja, apenas com o profissional responsável. Esta era uma norma clara e, quando era transgredida, havia consciência da falta. Hoje, vejo com preocupação que isso já não é cumprido. Um terapeuta encaminha um paciente para uma internação por drogas, mantendo a condução da terapia. Na internação, coloca-se um outro terapeuta encarregado do caso. Um psicólogo necessita que um paciente seja medicado, encaminha-o a um psiquiatra, que desaconselha a psicoterapia, dizendo que nesse momento do processo só é necessária a medicação. Resultado: instala-se um clima de desconfiança, que gera mais isolamento.

Para terminar: mencionei, algumas linhas atrás, a palavra *adequação* como um dos eixos fundamentais da espontaneidade. A adequação contém as normas de convivência, e essas estão determinadas pela ética. Pode ser espontâneo que eu me atire sobre um prato de comida se estiver com fome. Mas seria adequado? Se as circunstâncias extremas da miséria assim o dizem, não posso dizer que não o seja. Se esse mesmo ato for cometido por alguém cuja necessidade não seja extrema, deixa de ser adequado e as regras de convivência devem começar a atuar. As figuras de identificação de cunho social, tais como os presidentes que elegemos, dão, assim como eu disse no início, lamentáveis exemplos de modelos de condutas. O pior é que transformam-se em permissões para imitar esses desmandos. Porém se recordarmos a frase de Martí "Presenciar um crime em silêncio é como cometê-lo", veremos que nossa responsabilidade ética reside em nos comprometermos a não deixar passar essas situações que consideramos equivocadas. Em muitos países do denominado Primeiro Mundo, é o próprio cidadão quem toma em suas mãos a responsabilidade de assinalar para aquela pessoa que ela não está se conduzindo de forma correta. O temor de ser considerado delator, que tem uma longa história na Argentina, nos aproxima do perigoso lugar de cúmplice passivo. O legado de Moreno consistiria em viver no compromisso cotidiano, sem heroísmos extremos, porém com a ousadia de atuar fiéis aos pilares de nossas convicções, recordando que todos podemos um pouco, embora ninguém, felizmente, possa tudo.

6

VARIAÇÕES SOBRE A APLICAÇÃO DO TESTE SOCIOMÉTRICO: O TESTE DA MIRADA

Há alguns anos, escrevi o livro *El test sociométrico* (*O teste sociométrico*). Muitos anos se passaram. Felizmente, não apenas como simples envelhecimento, mas trazendo novas experiências. Trabalhei constantemente com grupos terapêuticos e pedagógicos.

A teoria sociométrica, enunciada por Moreno, tem iluminado constantemente meu trabalho com grupos. Seus conceitos têm grande riqueza e permitem a compreensão integral do homem na relação, eliminando as barreiras conceituais entre os aspectos intra e interpsíquicos do ser humano.

Gostaria de referir-me agora ao Teste Sociométrico e à sua utilização. Em cada oportunidade de aplicação do teste, deparei-me com sua difícil elaboração posterior. Por basear-se em escolhas recíprocas, chamadas mutualidades, desperta ansiedades persecutórias ligadas ao grande fantasma de nossa cultura — o não ser aceito. Não ser escolhido quer dizer, em termos mais primários de significação, não ser querido, ser excluído. O critério sociométrico é a razão específica de escolha para a realização do teste. Por exemplo, posso aplicar um teste utilizando critérios como: quem é escolhido para se confidenciar algo íntimo, ou quem é escolhido para ir ao cinema ou para compor um grupo de estudos. Há tanto critérios quanto ações possíveis entre duas ou mais pessoas. Mesmo quando, racionalmente, está claro que uma pessoa madura tende a diversificar os critérios para diferentes pessoas, há uma leitura profunda que tende a sentir a não-escolha para determinado critério como uma rejeição total. Há exemplos quase grotescos, como uma pessoa que se sentiu ofendida porque a pessoa afetivamente mais próxima no grupo terapêutico a escolheu negativamente, quando o critério de escolha era: quem você escolheria para ir nadar? Sentiu-se rejeitada, apesar de, em repetidas oportunidades, ter manifestado sua profunda aversão à água. Como ninguém a escolheu — pela mesma razão —, sentiu que o grupo a rejeitava, e o abandonou, deixando todos com a sensação de culpa e desconcertados, já que se tratava de uma pessoa querida em relação a muitos outros critérios. Revelou-se, nessa instância, uma suscetibilidade à rejeição que até então ficara escondida. Porém, de modo tão abrupto, que deu lugar a uma atuação sem margem para a elaboração.

Esse não é o único caso. Muitas vezes aparecem profundas feridas narcísicas num contexto de difícil elaboração. Claro que o teste não produz as feridas, apenas as coloca a descoberto. Porém, para convocar essas emoções, há que se dispor a contê-las, o que em algumas ocasiões é possível, enquanto em outras dá lugar a reações extremamente negativas, provocando feridas e abandonos que poderiam ser evitados, tendo-se acesso a eles de modo menos brutal. Sempre guardei o princípio de não provocar mais sofrimento do que o que já sofre uma pessoa que busca a terapia. Apenas se justifica provocar seu afloramento com a finalidade de operar sobre o mesmo.

Assim, durante esses anos, tenho aplicado o teste com muita prudência, e cada vez menos freqüentemente. Sem dúvida, a possibilidade de trabalhar o grupo com exercícios baseados na sociometria foi cedendo lugar à criação de exercícios que revelassem as interações grupais, sem produzir os efeitos que a aplicação do teste costuma gerar. O teste revela as escolhas recíprocas sem contaminação; uma vez que ninguém sabe o que os companheiros estão escrevendo, realiza-se, neste sentido, totalmente às cegas, inclusive no que diz respeito ao comprometido teste perceptual, que trata de mostrar como cada pessoa se sente escolhida pelos outros, incluindo a especificação das razões positivas, negativas e neutras. O grande valor destes dados é que não estão contaminados pelo conhecimento explícito das escolhas dos demais membros do grupo. Pode-se avaliar objetivamente as configurações grupais, cadeias, triângulos, círculos ou pares, mutualidades e incongruências. Do ponto de vista didático, é muito valioso. Pode-se obter uma objetivação dos percentuais de tele e de transferência, e, inclusive, tem-se acesso ao intrapsíquico a partir dos vínculos, ou seja, pode-se ter acesso ao "intra" por intermédio do "inter". Mas o custo pode trazer riscos.

As alternativas que encontrei têm um nível maior de contaminação, uma vez que, necessariamente, as pessoas tendem a escolher aqueles que os escolhem, e rejeitar como resposta à rejeição. Os líderes de grupo marcam com suas escolhas, influenciando os membros menos fortes. De qualquer maneira, esses exercícios têm lugar nas múltiplas possibilidades que se abrem num trabalho grupal.

Nessa busca constante, encontrei uma alternativa, um teste de interação a que dei o nome de:

O teste da mirada

Princípios gerais

A idéia do ser humano em interação aproxima-nos de uma compreensão dinâmica do mesmo. A cristalização de conceitos como inveja, ciúmes etc., a partir de uma compreensão estática, é muito duvidosa, uma vez que desconta, nessa visão, o ângulo a partir do qual se formula a apreciação. O observador nunca é passivo, mas intervém no campo de experimentação, influenciando e sendo influenciado pelo mesmo. Moreno nos diz claramente quando formula os princípios da sociometria. E se simplesmente aplicamos nossa observação dos fatos cotidianos, sabemos o quanto nos sentimos muito diferentes diante de diferentes pessoas. Há quem nos estimule a ser tímidos, mais ousados ou mais desconfiados. Muitas vezes, sentimo-nos mal e taciturnos com certa pessoa, e, ao nos encontrarmos com outra, sentimo-nos mais animados, dispostos a encarar tudo de forma mais leve. Ou vice-versa. Há em cada um de nós um caleidoscópio, composto por diferentes aspectos, desde os que mais apreciamos até aqueles que condenamos à sombra, como indesejáveis habitantes de nosso mundo interno. Muitas vezes chegam a ser tão indesejáveis que os ignoramos totalmente. Apesar disso, a presença de uma pessoa em particular faz com que aflorem à nossa superfície esses habitantes ignorados. E nos irrita, não tanto pelo que o outro é, mas pelo que nós mesmos somos em contato com essa pessoa. Sentir-se competitivo ou mesquinho, quando em nossa configuração ideal gostamos de ser capazes de compartilhar ou de ser generosos, é algo que gera em nós ansiedade, e vamos evitar aqueles que nos estimulem aspectos negados ou depreciados. Os aspectos agressivos negados muitas vezes nos aproximam de pessoas que exercem esses aspectos de modo manifesto; isto alivia a tensão interna provocada pela negação de nossa censurada agressão. Uma mulher espancada que se negava a defender-se e separar-se de seu marido disse-me, numa ocasião: "Não o quero, mas não saberia como viver sem ele".

Assim, vamos ajustando nosso átomo social, baseados na criação de um sistema de estimulação recíproca. Amigos e inimigos, simpatias e antipatias vão se gestando de acordo com a dinâmica dos vínculos que estabelecemos. Os poetas, sempre menos presos a condicionamentos teóricos, o disseram com a liberdade que os caracteriza. Antonio Machado (numa contribuição da licenciada Rosa Lascewicki) assim o expressa:

> O olho que vê não é
> olho porque tu o vês,
> é olho porque te vê.
> ....
> Os olhos por que suspiras,
> bem o sabes,
> os olhos em que te miras,
> são olhos porque te vêem.

O outro e eu, o outro ou eu. Quem está se vendo quando me olham? Sou o que sou, ou o que o outro quer ver de mim? Não será que sou também o que os outros vêem, embora não me agrade? Nesse princípio baseia-se o teste da mirada: *sou o que vejo, e sou o que os outros vêem*. Os conceitos de tele e de transferência enunciados por Moreno tiveram por objetivo iluminar esse complexo cruzamento entre percepções recíprocas. Sabemos que os limites entre tele e transferência não são precisos; a história impregna as percepções, convoca-nos a uma maneira de olhar a vida, tinge nossas percepções. Todo olhar é perspectivista e está impregnado com tudo o que somos, gera recortes. Nesse sentido, podemos dizer que o outro é alguém que inventamos de acordo com nossa necessidade e desejo e, muitas vezes, de acordo com nossos temores. Ver alguém por *inteiro* e *tal como é* é uma enteléquia. Muitos reconhecerão o incômodo de ouvir falar a seu respeito — é como se esse ser ao qual se referem não coincidisse conosco. E não importa se falem bem ou mal. É como um recorte que nos mutila. Os índios o sentem quando são fotografados, roubam-lhes a imagem, invadem-lhes a alma.

Com esses pensamentos, concebi um teste que procurasse identificar esse jogo fantástico das relações interpessoais e, por meio dos vínculos, tratasse de compreender a complexidade das configurações internas dos indivíduos. Passar do interpsíquico para o intrapsíquico.

Instruções básicas:

Primeiro passo: o olhar

Pede-se aos membros do grupo que formem pares e sentem-se em lugares do salão em que possam manter um encontro durante certo tempo. Pede-se que não falem, mas que simplesmente olhem-se nos olhos durante três ou quatro minutos. No começo, o olhar é defensivo, e, lentamente, orientamos no sentido de que relaxem e se deixem levar ao que for surgindo. Durante esse tempo, não se deve falar.

Segundo passo: o compartilhar

Instrui-se cada par no sentido de que se permitam ver que surge naturalmente como desejo o compartilhar com a pessoa com quem se está. Podem ser aspectos do vínculo, ou pode aparecer uma lembrança, uma fantasia. Reservamos cerca de sete ou oito minutos para fazê-lo.

Terceiro passo: o personagem

Agora cada um permanece alguns minutos consigo mesmo, concentrando-se nos sentimentos e nas sensações que surgiram no vínculo. A partir daí, deve-se deixar emergir um personagem que sintetize esses aspectos. Se os aspectos que emergem do vínculo são sombrios, pode aparecer A Sombra, ou se foram vivenciados controle e receio pode aparecer um detetive, uma fada, uma bruxa etc. Uma vez localizado o personagem, deve ser escrito e, ao lado, deve ser feito um breve solilóquio: o que é que esse personagem está pensando ou sentindo? Essa etapa significa a introdução da metáfora, a que abre os níveis de significação. Não é a mesma coisa comentar que uma pessoa estimulou em outra o medo de deixar que surja um personagem que contenha essa forma particular e específica de medo.

Quanto mais específico for o personagem, maior qualidade dramática terá, o que dá maior validade ao teste. Pessoas muito ansiosas costumam produzir personagens ambíguos, cujo perfil não acrescenta nada aos companheiros. Assim, podem aparecer como sendo personagens comentários amplos como "Eu me senti pouco espontâneo" ou "Me entristeceu".

Em geral, procuro estimular essas pessoas para que se concentrem nas sensações até que produzam imagens que possam transformar-se em personagens. Por exemplo, um integrante de um grupo de estudos colocou: "Produz em mim uma sensação de amizade". Pedido o personagem que surgiria dessa sensação, aparece Manolito, o amigo de Mafalda nas histórias em quadrinhos, aquele que admira a inteligência de sua amiguinha, mas que está longe de seu brilho. O personagem permitiu compreender aspectos do vínculo, mas também aspectos históricos de ambos: Mafalda era Manolito em sua família de origem, todos intelectuais de destaque.

Quarto passo: rotação

Uma vez terminado o passo anterior, faz-se uma rotação de modo que todos os membros do grupo possam ter um encontro com os demais. Em cada encontro realizam-se os mesmos passos.

Quinto passo: leitura

Terminados todos os encontros, começa-se a leitura, segundo o método que uso para a leitura do teste sociométrico: a primeira pessoa lê seu primeiro encontro, dizendo qual foi o personagem que surgiu e o solilóquio correspondente. A pessoa do par escuta, e em seguida responde com o personagem que surgiu para si e o respectivo solilóquio. Assim, vão sendo lidos os resultados de cada um dos vínculos, tomando nota dos próprios personagens e daqueles que apareceram nos outros, em contato com seus pares.

Sexto passo: desdobramento dramático dos personagens — a galeria

Cada pessoa vai desdobrando todos os personagens, tanto os que ela mesma criou nos vínculos com os outros como os que seus companheiros criaram em contato com ela. Esses personagens serão encarnados pelos companheiros de grupo. Primeiro, ela os ordena por proximidade: quem está perto de quem, quem está longe. Como se fosse uma escultura, vai colocando-os um a um. Feito isso, assume cada um dos personagens e faz um solilóquio. Ela pode dar-lhe também uma outra categoria dramática, como, por exemplo, atribuir-lhe movimento, criar diálogos entre os personagens. Findo esse trabalho, pede-se um exercício de espelho para que o protagonista tenha uma visão global dos aspectos desdobrados.

A partir da técnica do espelho, solicita-se uma reflexão sobre aquilo que ele observa. A ordem dos personagens, sua vinculação entre si, sua operatividade. Há algo que deseje mudar? Com isso estamos observando não apenas diferentes aspectos de seu nível intrapsíquico, mas também a sinergia das diferentes partes entre si. Muitas vezes, ao nos referirmos aos mecanismos de defesa, estamos enfocando-os isoladamente, e não dentro de um conjunto dinâmico. Isto é extremamente útil, uma vez que nos permite observar claramente a interação dos diferentes aspectos. Por exemplo, aparece um personagem caracterizado como A Bruxa, que é colocado ao lado e ameaçando A Menina de Biafra. No solilóquio, A Menina diz que não tem medo da Bruxa; enquanto ela estiver ali, asssustando a todos e desgostosa, não tem de se lembrar de seu total desamparo.

Ainda no espelho, e observando os personagens, pede-se que mude a ordem e a colocação de acordo com seu próprio ideal. Observa-se, ao efetuar-se a mudança, qual é o principal movimento realizado para rearmar o conjunto. No caso que mencionei anteriormente, a paciente pegou A Menina de Biafra e levou-a para o lado de uma Madre Superiora, que estava controlando todos lá das alturas, e deu-lhe uma ordem: "Deixe de olhar de cima e cuide dessa menina para mim". Feita a reacomodação, pede-se à pessoa que se encontra trabalhando o seu teste que nos leve a uma cena-chave para permitir produzir essa mudança. A ordem deve ser clara, não se deve procurar a cena; é importante que a mesma surja espontaneamente. No caso que menciono, a cena transcorre quando ela tem seis anos. A mãe é atriz, deve viajar para o exterior e decide deixá-la aos cuidados da avó, sem lhe dar nenhuma explicação. A avó é muito religiosa e quer influenciar sua neta para que não siga o caminho de sua filha, razão pela qual enfatiza todos os aspectos punitivos da religião. Desesperada, a menina sente um grande desamparo, até que resolve roubar um anel de brilhantes de sua avó e atirá-lo no vaso sanitário. Ela sente-se má e contente por sê-lo. Ali, cria o personagem da Bruxa, a que cumpre a função de evitar a depressão. Esse procedimento vai sendo aplicado a todos.

A elaboração já começa com o momento do olhar. Ali, os vínculos são enfocados em profundidade. Até em testes aplicados — sem que haja conhecimento prévio — em pessoas que se encontram pela primeira vez, a intensidade de informação que surge do encontro visual permite investigar aspectos profundos e centrais de cada um. Muitas vezes, a informação esconde o essencial. Funciona como condicionante, onde não se vê o que se sente a não ser o que é condicionado pelo conhecimento prévio.

Existem variações, como, por exemplo, a de historiar os personagens: quando apareceram, quem os criou, para quê. À medida que a experiência for aumentando surgirão, sem dúvida, outras vertentes que venham a enriquecer este trabalho.

Exemplo

Aplica-se o teste a seis integrantes, três dos quais não se conhecem. Executados todos os passos, Ângela arma seus personagens. Coloca o Homem Sábio sentado no meio, a Gata Mimosa atrás do Homem Sábio; na frente do Homem Sábio coloca o Homem Triste, diante de um grande buraco, condensado com outro personagem: Olhos de um Judeu Triste. Atrás de tudo, coloca o personagem Tábua, deitado na parte superior de um estrado com três níveis. O que deseja mudar observa fixamente a Tábua. Aproxima todos do Homem Triste diante de um grande buraco, traz a Tábua e a aproxima do Homem. Para que isso seja possível, qual é a cena que devemos compreender? Aparece uma cena, na qual ela tem cinco anos e está esperando que seu pai venha para um fim de semana. Sua mãe está triste, e ela se incumbe de poder abrandar a tristeza da mãe. Pergunto para que cria a Tábua ali. Para não sentir a sua raiva, para não ter nenhum sentimento de necessidade, uma vez que uma tábua é dura e não necessita nem de pai nem de mãe. Observa a cena de fora e consegue compreender que a Tábua não é a sua aparente indiferença em relação às coisas, mas a sua maneira de se defender do desamparo. Abraça a Tábua e a acompanha ao lado do Homem diante de um buraco.

Conclusão

Comecei a desenvolver esse teste há apenas quatro meses, e este é apenas um relatório preliminar. Até agora, ele permitiu que compreendêssemos que se trata de um instrumento dinâmico, que trabalha com o grupo e com seus vínculos, e que, a seguir, estende-se para a compreensão dos aspectos intrapsíquicos a partir de dados tangíveis oriundos do próprio grupo. Desliza-se facilmente entre a constatação de dados e a elaboração que facilita a mudança. Sua aplicação mobiliza aspectos profundos, uma vez que desaparece o controle de ser o único produtor de material; os outros vêem especialmente o que cada um oculta. Isto já havia ficado evidente na psicoterapia de grupo. O teste aproveita essa dinâmica, torna-a visível e procura criar condições de elaboração.

7

VIOLÊNCIA E DESAMPARO

> Nenhum filósofo jamais poderá levar-nos por detrás das experiências cotidianas, ou dar-nos regras de conduta distintas das que elaboramos ao meditar sobre a vida cotidiana.
>
> *David Hume* (1711-1776)

Violência cotidiana

Ultimamente, convidaram-me, em várias oportunidades, para fazer *workshops* sobre a violência. Os testes atômicos franceses (onde foi parar a paradigmática declaração de "liberdade, igualdade e fraternidade"?), o terrorismo à distância de Buenos Aires, Oklahoma, Paris ou Londres, infelizmente fazem parte das notícias que diariamente dominam os jornais e os noticiários da televisão.

Porém, meu interesse ao escrever estas linhas está centrado na violência que não chega a ser notícia. Aquela a que nos habituamos porque é cotidiana, e pela qual muitas vezes somos responsáveis, passiva ou ativamente.

Estou gozando minhas férias de verão. Caminho pela praia numa manhã ensolarada. Perto de mim, uma senhora passava protetor solar, em aerossol e, ao mesmo tempo, comentava: "O sol está terrível, se a gente não se cuida, acaba carbonizado". Pensei no cúmulo de incoerências que essa senhora conseguiu acumular em tão poucas palavras. Primeiro, porque o sol está como sempre foi, não mudou demais.

Nós, humanos, é que temos feito o possível para destruir a camada de ozônio. E uma das razões é o uso de aerossóis, como o que naquele momento era usado pela senhora em questão. Como é fácil nos desvencilharmos dos fatos que muitas vezes geramos!

Continuei caminhando. Chamou-me a atenção um garoto de cerca de três anos de idade, que brincava sozinho à beira-mar. Cumprimentava divertido a todos que passavam por ele, os quais, geralmente, retribuíam o sorriso. Quando passei, ele sorriu para mim e disse-me: "Oi! Quer me ajudar a fazer um castelo de areia?".

Eu havia estado com minha neta, e o convite pareceu-me irresistível. Sentei-me, e pusemos mãos à obra, com grande alegria. Começamos a juntar a areia para a construção, quando a mãe se aproximou por trás, levantou-o nos braços e foi dizendo: "Quantas vezes já lhe disse que não é pra você amolar as pessoas que passam? Eu não devia trazê-lo mais para a praia!". A despeito dos meus protestos, a diligente senhora, atribuindo à amabilidade as minhas palavras, levou embora meu amigo, privando-nos a ambos do prazer de uma diversão espontaneamente combinada. O fofinho esperneava furioso, mostrando a raiva que sentíamos pelo atropelo de que havíamos sido objeto. Sua candura e espontaneidade foram catalogadas como inadequadas, com o agravante da ameaça de perder as coisas de que mais gostava caso prosseguisse com esse malévolo ato de espontaneidade. Quanto tempo meu amiguinho conseguirá defender-se dessa "educação"? Logo conseguirá compreender a realidade, na qual não cabe ser espontâneo.

Mais tarde, tomávamos — com cuidado — sol, quando, às nossas costas, ouvimos o seguinte diálogo:

Ele: Há coisas que não posso deixar de lado tão facilmente, os empregados estão aguardando ordens que...
Ela: Férias quer dizer *férias*, desligar-se, *desligar-se*, entende? E você não larga desse celular!...
Ele: Isso é fácil para você, que vive desligada...

O diálogo prosseguiu no mesmo tom. Possivelmente, nem sequer terminou numa briga. Faz parte de um código incorporado socialmente, em que a agressão fica legitimada, é habitual, não é reconhecida como tal. Espera-se por ela, ela é antecipada, propagada. Podemos compará-lo ao que acontece com a patologia de caráter. Enquanto nos quadros neuróticos sofrem-se os sintomas, na patologia de caráter eles ficam incorporados ao eu, egossintônicos. Não os sofremos porque passam a ser considerados modelos habituais de conduta. Da mesma forma, a *sociodistonia* refere-se à incorporação da violência aos modelos habituais de comportamento. Esconde-se, dissimula-se sua presença, fica disfarçada. Palavras que deveriam gerar fortes confrontos ficam incorporadas, aparentemente desprovidas de significado, inclusive contendo certo tom carinhoso: o que você está fazendo, seu tonto? Como vai, babaca? Mas que filho da mãe que você é! Os mexicanos usam uma expressão idiomática em que dizem "puta madre!", quando querem dizer que algo deu certo. Há milhões de exemplos.

Ignoramos a violência de nosso código cotidiano, deixando oculta a agressividade, porém sendo perceptível em seus efeitos. Como a contaminação ambiental, não é possível evitá-la, ela penetra, intoxica. Cria um clima tenso, que é um facilitador para violências maiores, como as que ocorrem diariamente no trânsito, especialmente nas grandes cidades.

Nessa mesma linha encontra-se a opinião. Voltemos à conversação do casal da praia. Essencialmente, eu estaria de acordo com a definição dela sobre as férias. Arrisco-me a dizer que deve haver um consenso importante a esse respeito. As férias supõem um desligar-se, ou uma mudança do habitual. *Porém* supõe-se que ele é um adulto, capaz de avaliar o conjunto de circunstâncias que não lhe permite o desejado desligamento, tanto externas (situações de crise no seu trabalho, por exemplo), como internas: uma pessoa cujo nível de dedicação ao trabalho é muito elevado não consegue abandoná-lo facilmente, continua funcionando no piloto automático, até que lentamente perceba que já não está trabalhando. A usual superadaptação com que geralmente funcionamos na superestimulante sociedade atual cobra preços altos. Não basta apertar um botão para sair do programa. Se ela o considerasse como um adulto responsável, porém (ou especialmente) tendo suas próprias limitações, poderia oferecer sua versão sobre as férias, e até mesmo ajudá-lo. Mas sua opinião inapelável e surda transforma-se numa das tantas formas de violência comunicacional a que estamos habituados. Isto abre um código, como se se abrisse uma ponte que legitima o uso de armas. Ele responde mediante o juízo (desligada) a rotulação taxativa. O campo de batalha está aberto, e as armas expostas e prontas para uso.

Nosso cotidiano está povoado de *opiniões* e *juízos críticos*. É impressionante. Fulano é um... ou uma... Como juízes descuidados que omitem a necessidade de provas para a condenação, repetimos ou emitimos juízo sobre as pessoas, sem nos determos para avaliar o grau de veracidade desses rumos. Cai facilmente o prestígio de pessoas cavalgando num violento "me contaram que"... Claro que isso não é patrimônio dos anos 90, nem dos 80, nem... Mas o atual tipo de código descuidado facilita e incrementa essa forma de violência. Como o cigarro, contamina, intoxica, causa dano, mas nós o incorporamos e aceitamos.

Sempre existiram manifestações de agressão, ciúmes ou inveja, porém que fatores as incrementam?

Cada época promove um ideal de eu que condiciona um código de relações. O paradigma gerador do código atua como o *locus nascendi* (usando a confluência entre *locus* e *status nascendi* que Moreno propõe). Como vejo esse código? Um dado de referência é o crescente aperfeiçoamento dos meios de comunicação à distância. Escrever uma carta? Para quê? Com um fax chega-se mais rápido (embora qualquer pessoa possa lê-lo, falta-lhe a intimidade de uma carta), porém, uma vez incorporado, chega o e-mail, que tem a vantagem de ser mais barato. A intimidade? E o que é isso? Para que serve? O mundo está intercomunicado. Amigos eletrônicos tornam desnecessária a proximidade. E isso, o que é?

As pessoas se habituam a falar não apenas por intermédio de máquinas, mas com elas. Confesso que, no começo, o uso da secretária eletrônica me inibia terrivelmente, eu balbuciava, e as mensagens saíam cheias de tensão. Mais tarde, fui me habituando e, atualmente, já tenho ímpetos de perguntar à mesma como vai a fita de gravação.

Porém, não são as máquinas que configuram o modelo, mas sim o modelo de homem que usa sua inventividade para criar esses aparatos com a finalidade de atingir sua meta: a gradual supressão do outro. O ideal? Uma máquina que substitua a pessoa amada, necessitada. Esse *outro* estará totalmente a nosso serviço. Essa máquina carece totalmente de vontade própria. São amigos acionados por botão. A mudança introduzida no mundo por meio da automatização foi o iniciador deste processo. O trabalhador foi substituído pela máquina, por razões econômicas. Atualmente, o processo de substituição prossegue por diversas razões. Vejamos, por exemplo, as anunciadas e paradisíacas relações sexuais promovidas pela realidade virtual. Como é essa mulher que você tanto deseja? Programamo-la para você em um segundo. Os novos escravos eletrônicos prometem mais perfeição operativa, e a um preço muito inferior aos dos *taxi boys* ou *girls* que povoam as salas de massagem, eufemismo que legitima a prostituição. Seria incoerente o seu crescimento, em vista da crescente liberdade sexual, a menos que olhássemos para ela pela ótica do desejo de substituição progressiva do outro, conseguir vínculos com o apertar do botão, que dêem acesso ao desejado sem outra exigência que não o pagamento adequado. Porém, cuidado prestadores de serviço de casas de massagens, prostíbulos e afins! As grandes capitais do progressista Primeiro Mundo já oferecem confortáveis cabines de realidade virtual, nas quais não é necessária a presença do/a massagista. E não apenas de sexo virtual. Também pode-se viajar para lugares remotos sem perder tempo em traslados desnecessários. Basta apertar o botão. Não posso evitar o tom emocional com que observo e participo desse fenômeno. Só posso dizer: que barbaridade! Aonde vamos parar? Lembro-me da condescendência com que eu escutava as pessoas mais velhas quando as ruas se encheram de carros, ou quando os aviões abreviaram o tempo de transportes. Evidentemente, meus olhos — com sua correspondente presbiopia — olham com assombro uma mudança de que participo de soslaio e de má vontade. Pelo perigo de ficar de fora. Porém também por minha profunda convicção de que o que mais importa, em última análise, é o *amor*. Entre casais, com a família, com os amigos.

Dediquei-me à psicoterapia e ao ensino. Não posso sequer me imaginar nesse exercício desprovido de amor sem um vínculo que intermedie o conteúdo. O que aprendi de mais importante tem mais a ver com o tom afetivo do que com seu conteúdo específico. O sorriso afável e cúmplice de um professor de matemática, do curso secundário, conseguiu fazer com que minha inaptidão para a matemática se convertesse numa gloriosa inaptidão para as matemáticas, mas com certa margem de longínqua compreensão. O vínculo alimenta e veicula o amor, que é algo único, privado, íntimo. É substituível? A que preço? Com que conseqüências?

Estamos observando uma clara mudança nas patologias. Há anos não vemos uma histeria. A partir de que repressão ocorreria? Por outro lado, abundam as depressões e as patologias narcisistas. A solidão e o vazio do sentido de vida são os motivos habituais de consulta. Também são freqüentes os problemas psicossomáticos. O número de homens que se consulta também aumentou progressivamente nos últimos anos.

Solidão e desamparo

A atividade desenfreada, a produtividade como valor essencial, tanto em homens quanto em mulheres, contribui para dissimular e até certo ponto compensar a falta de contato. Basta observar os locais de encontro habitual dos jovens para constatar a tendência ao isolamento. Primeiro, os lugares onde estão os jogos eletrônicos, nos quais o encontro ocorre por intermédio da máquina, ou só com ela. O outro é dispensável. O segundo, é a discoteca. A música tem um volume que torna impossível a conversa mais primitiva. Dançar? Devo novamente assinalar minha nostalgia com relação ao romântico e delicioso dançar de rosto colado, mas agora cada um dança por si, em maravilhosas e solitárias coreografias.

A droga e a bebida estão dizendo que falta algo. Sobra carência afetiva. Tal como a realidade virtual, provê um amor a toque de botão. Apenas nesse caso trata-se de um botão químico, e com toxicidade biológica comprovada. Promete momentos de sentido e ilusão profundos, que não requerem contatos, nem íntimos nem esporádicos. Vende-se amor instantâneo e sentido de vida em módicas prestações.

Porém, algo em nós reconhece o erro. Algo que grita diante de nosso silêncio cúmplice, algo que sabe diferenciar o verdadeiro amor de seu equivalente simbólico: a palavra *amor* ou seus substitutos sintéticos. É o corpo, inoportuno procurador da verdade. Claro que pode ser enganado, mas não por muito tempo. Pode-se alimentar o espírito com a palavra *maçã*, mas se não a comermos, morreremos. Há um limite que está reclamando constantemente a presença real e concreta. Em relação à fome, como sinal de nossas necessidades com seres humanos, atuam os substitutos. E se se fica insatisfeito, surge a agressão, que se difunde em hostilidade, para, finalmente, irromper em violência, que impregna e determina o código de comunicação vigente.

Grupamentos (Clusters)

No psicodrama, recorremos ao conceito de grupamentos para compreender essa seqüência

Como já disse várias vezes em trabalhos anteriores, o primeiro papel é o de filho. Sua dinâmica é essencialmente passivo-incorporativa. Aprendemos a depender, a assumir nossa essencial fragilidade. Somos mortais, condição que não aprendemos a compreender profundamente. Apenas uma ínfima nota numa grande melodia. Poderosos ou miseráveis, apenas uma nota. O que é isso de não ser? Como se pode dimensionar esse fato? Talvez, se fôssemos totalmente autônomos, se não aceitássemos as necessidades básicas, pudéssemos ser exceções à regra. A morte? Isso é para os imbecis. Porém, se consigo ser uma máquina, que nem sente nem necessita de nada, talvez... O essencial é não necessitar, não receber nada, já que isso nos torna frágeis ao nos alijarmos do ideal *máquina*. Suprema. Imortal.

É possível amar sem aceitar receber?

Essa é a dinâmica do grupamento um, cujo complemento primeiro é a relação com a mãe, e transformou-se no aspecto mais negado. O ideal de identificação atual se parece muito com o Rambo, de cuja mãe jamais se falou nas múltiplas seqüências. Tem tanto êxito porque não necessita de ninguém, nem de comida, nem de amor, nem de nada. É ele sozinho contra o mundo.

Há pouco tempo, atendi em consulta um industrial. A mudança econômica fez com que ele falisse. "Felizmente" sua mulher conseguiu salvar a situação. Ela voltou a trabalhar com grande êxito, e a economia familiar se recompôs. No entanto, ele começou a sentir-se desmotivado para continuar vivendo e teve um acidente que quase o levou à morte. Morrer era preferível diante da terrível humilhação de ter de depender economicamente da mulher, assim como ela o havia feito durante vinte anos.

Há uma valorização exagerada do grupamento dois, em que a figura de referência é o pai e o objetivo é o aprendizado da autonomia. Desde aprendermos a conseguir coisas por nós mesmos até construir um mundo de ganhos importantes, e que, sem dúvida, pode nos proporcionar grandes alegrias. Porém, só se não nos esquecermos de tudo o que aprendemos na dependência, em que só éramos conscientes de nossa vulnerabilidade.

Se formos capazes de equilibrar ambos, poderemos passar harmonicamente para o grupamento três, em que a figura de referência é o irmão/irmã. É a dinâmica imperante na vida adulta. Aprendemos a compartilhar, dar e receber, lutar, competir, rivalizar. Com iguais, com companheiros.

O código correspondente às relações simétricas deveria promover esse ato de compartilhar — e *ocorre*?

Os correspondentes aos dois primeiros grupamentos, materno e paterno, são vínculos de Poder (substantivo, e o escrevo com maiúscula). A assimetria indica que um tem mais responsabilidade do que o outro. Quer dizer que nossas experiências estão vinculadas a situações de Poder. Lentamente, a vida nos leva a situações com parceiros em que o Poder se transforma em poder (verbo). Cada um é responsável pelos seus atos.

Porém, no início, dizíamos que em nosso cotidiano tendemos a dominar, a substantivar o verbo, a nos apoderarmos do outro com a ilusão de não perdê-lo, de dominar a morte. Opinar, ajuizar e mil outras artimanhas. Tentar dominar o outro é tentar reduzi-lo a uma máquina. Um ser amado movido a botão.

O vínculo terapêutico

Por definição, é um vínculo assimétrico, e assim deve ser. Paga-se ao terapeuta. Ele é o responsável pela condução idônea do tratamento. O mesmo ocorre com os vínculos professor/aluno, chefe/empregado etc. Há *poder*? Não, porque o paciente *pode* ir, o empregado também, ainda que às vezes não lhe seja conveniente ou se sinta impossibilitado de fazê-lo. Mas *pode*. Coisa que a criança pequena não tem possibilidade de fazer. Transformar uma relação adulta numa relação infantil é uma grave falta ética. A todo momento deve-se manter a consciência clara de serem dois adultos que, por força das circunstâncias, se envolvem num vínculo assimétrico.

A transferência e a regressão podem promover a substantivação do poder do terapeuta, que pode chegar a intervenções violentas e agressivas. Esse abuso de poder denomina-se hiatrogenia e pode levar à cristalização de feridas infantis de poder e violência. Muitas vezes, aparecem juízos de valor, opiniões emitidas, que denunciam que, por razões pessoais, esses terapeutas tenham deslizado de um vínculo saudável para um vínculo perigoso de *poder*.

Voltando ao cotidiano, recordemo-nos de outro freqüente abuso de poder: a sala de espera dos profissionais. Médicos, dentistas e outros profissionais dispõem, à vontade, dos horários que eles mesmos marcam. Chega-se a esperar horas, sem a menor advertência do abuso do poder que aí se imiscui. E sem falar dos hospitais públicos. Precisa de mim? Isso me dá *poder*. Então, agüente minha arbitrariedade. Sem que esses senhores se dêem conta de que, muitas vezes, uma mera aspirina recoberta de respeito, base do amor, pode produzir melhor efeito curativo do que os mais modernos antibióticos, rodeados de hostilidade e indiferença.

Sharing, ou compartilhamento

Há alguma proposta do psicodrama? Tratarei de responder a essa pergunta.

Em seu livro *Quem sobreviverá?* Moreno antecipa o perigo do robô que ameaça nossa cultura e diz que apenas sobreviverá ao caos o homem espontâneo. Esta não é uma postura teórico-idealista. Moreno era um pragmático que não se interessava por formulações que não tivessem uma proposta concreta.

A palavra-chave dessa proposta é o *sharing* ou *compartilhamento*, base do encontro e estruturante de uma maneira de relacionar-se que contém a exaltação máxima do poder em relação ao *poder*. É tão temida como alternativa de comunicação que nos primeiros trabalhos escritos na Argentina traduziu-se a etapa de compartilhamento como a "etapa de comentários ou de análise". Nada mais distante da proposta de Moreno.

Supõe um código de comunicação em que cada um fala de si, *não do outro*. Fala-se na primeira pessoa do singular. *Com* o outro, porém de *si mesmo*. Convenhamos que, quando se fala de si mesmo, isto é feito do ponto mais próximo que se pode chegar da verdade: a própria. Cada um de nós é rei de seu próprio reino; o outro só pode entrar com nossa explícita anuência. Falar do outro nos converte em imperadores, dominantes, invasores. Muitas vezes, com as melhores intenções.

O que teria acontecido se a senhora da praia, que tão enfaticamente defendia seu conceito de férias, tivesse dito ao marido — rei de seu reino — que ela — rainha do seu — tem uma idéia que talvez possa lhe servir? Ele tem interesse em escutá-la? Se assim for, ela pode dizer o que acha, sem reduzi-lo ao tamanho de um gnomo, que tentará vingar-se com os canhões de seu castelo. Quando faço essa proposta, surge freqüentemente o protesto dizendo que a pessoa tem que saber usar sua agressão e ser "espontânea". A incorporação da violência disfarçada de espontaneidade é lamentável. A sinceridade é algo muito mais profundo do que submeter os outros a julgamentos, gritos e impropérios de todo o tipo. Isso não é sinceridade, e sim "sincericídio", que fere e distancia os demais com uma retirada defensiva até a gradual substituição do outro.

O que aconteceria se a mãe do meu amiguinho, que nos privou do castelo de areia, se aproximasse de nós, consultando (a ambos) sobre sua impressão do possível incômodo causado pela conduta de seu filho? Sem dúvida, teríamos construído um belo castelo na areia. O que não é pouco.

Compreender em profundidade o significado da proposta moreniana custou-me anos, e ainda não estou seguro de podê-la praticar totalmente. Sei que há mais. Porém, se o entendo, devo mudar. Não se pode compreender algo assim sem gerar uma mudança em nosso cotidiano. E é nele que a vida transcorre.

As outras alternativas ficam inscritas num código de *poder*. Nós, latinos, até necessitamos das palavras que acentuem as diferenças entre poder enquanto verbo e enquanto substantivo. A língua inglesa tem a palavra *power*, que indica o poder substantivo, e *can*, que nomina o verbo. Claro que isso não assegura que os distingam. Ao contrário, tornaram-se especialistas em imperialismos e dominações de todo tipo. Porém ao menos sua língua lhes oferece uma alternativa.

Conclusão

Não posso deixar de refletir sobre o determinismo dos instintivistas ou sobre a reformulação dos teóricos do objeto como referência a um modelo de homem. A centralização nas ansiedades básicas feita por Klein, como algo inerente à espécie humana, indica um homem primariamente agressivo, ciumento, invejoso.

Esses aspectos, inegáveis, indicam sua essência?

Aproximar-me do psicodrama levou-me a optar por outro ângulo. O homem gênio, sábio, deus. Um ser espontâneo — você quer construir um castelo comigo? — que recorre à agressão quando lhe é negada a sua possibilidade de ser deus em cada momento. A espontaneidade leva-o a ter de usá-la apenas para sobreviver e defender-se.

A mãe do meu amiguinho da praia produziu o desamparo, que gerou a descarga agressiva. Defendeu-se da violência, que foi pior, por vir de alguém que deveria protegê-lo.

Muitas vezes sentimo-nos como ele em relação às autoridades, que usam o *poder* para que ninguém mais o *consiga*. Uma sociedade que se pergunta com mais freqüência quanto custa algo do que se preocupa com quanto *vale* algo.

E muitos castelos ficam assim, como meros montinhos de areia.

8

VIOLÊNCIA — II

Qual é o papel do psicodramatista no momento atual? Podemos estabelecer semelhanças e diferenças em relação às décadas anteriores?

Essas perguntas foram formuladas a mim, num espaço de e-mail que está se abrindo: Federação Latinoamericana de Psicoterapia de Grupo — Flapag. O que se segue é parte da minha resposta. Como o vejo como seqüência do artigo anterior, intitulei-o VIOLÊNCIA — II.

Violência — II

No início da década de 70, eu viajava para Beacon, Nova York, com toda a freqüência que meus meios econômicos me permitiam. Meu objetivo era formar-me psicodramatista, com J. L. e Zerka Moreno. O momento político-social era de enorme efervescência. Eu sentia a enorme plenitude de quem descobre seu lugar no mundo.

Havia descoberto a maravilha que significava estar envolvido. Eu não estava alheio a nada do que ocorria ao meu redor. Havia muitos companheiros que sentiam o mesmo e que estavam dispostos a não permanecer indiferentes à dor, à fome, à miséria e à injustiça. Toda dor era minha dor. Como médico, havia sentido algo semelhante. Um sentido de vida que não terminava nos confins de minha família ou amigos: a humanidade era minha responsabilidade, não como um peso, mas como algo que dava sentido à minha vida. Com esses pensamentos, eu caminhava pelos jardins que separavam o teatro da residência dos Moreno. Aspirava o ar cálido da primavera americana. Ia colhendo amoras que cresciam de forma selvagem pelo caminho. Saboreava as frutas que tingiam a minha boca dessa cor púrpura, tão excitante. Eram 19 horas. Havíamos terminado o período da tarde, em que eu dirigira uma sabra,* que sentia o peso de seu papel pioneiro, uma das primeiras. Acabou aceitando sua missão ativamente. Eu estava satisfeito com o trabalho.

Fazíamos a sessão de supervisão com Moreno, em sua casa. Para ele, era difícil locomover-se, mas sua mente era clara. Suas palavras eram muito esperadas por todo o grupo. A casa era confortável, sem luxos nem exageros, repleta de livros. Entrei, cumprimentei Moreno como sempre, com o afeto que sentia por ele. Ele me olhou e, imediatamente, me disse: "Você está profundamente apaixonado", e, esboçando um sorriso cúmplice, acrescentou: "Mas não por uma pessoa, pela vida; agora, se você já é psicodramatista, entendeu minha mensagem essencial".

Já havia aprendido que era melhor não perguntar. Sua percepção rápida e profunda era acompanhada de sua capacidade de dizer as coisas mais comprometedoras sem a menor inibição. Apenas devolvi-lhe o sorriso e mudei de tema. Sentia o pudor de quem percebe sua alma exposta, quando, na verdade, apenas pretendia compartilhar os pensamentos.

Quando voltei para o meu quarto, já distante de seu olhar, algo me impulsionou a folhear seu primeiro livro, escrito aos 31 anos,

---

* Nome que se dá a pessoa nascida em Israel. Também é a flor do cactus, cuja característica é ter espinhos na parte externa, mas ser muito doce internamente. (N. E.)

quando ainda nem passava por sua mente a criação do psicodrama ou da sociometria. Em 1920, ele escreveu *Das testament des Vaters* [*As palavras do Pai*], em que colocava sua visão do mundo, a concepção de homem que logo iria determinar a direção de suas buscas. Li alguns de seus poemas até chegar ao que quero compartilhar com vocês:

> Eu sou o pai
> Do céu sobre sua cabeça
> E da terra sob seus pés,
> Eu sou o pai
> Do relâmpago que salta
> Das nuvens
> E do arco-íris sobre os telhados,
> Eu sou o pai
> Dos pássaros que voam no arvoredo
> E das feras que me rodeiam nos bosques
> Eu sou o pai
> Das montanhas que se elevam até
> O céu
> E das flores que se abrem nos prados
> Eu sou o pai
> De suas línguas e de seus olhos
> De seus seios e de seus tornozelos,
> Eu sou o pai
> Do povo
> Do qual tu vens,
> E do silêncio em que te fundes.

Havia agora outro sentido em suas palavras, sentia que ia entendendo. O que havia compreendido como onipotência e parte de um delírio surgia agora como algo muito semelhante ao meu sentimento quando atravessava o jardim. Se eu não estivesse olhando as amoras, elas não existiriam. Eu sou o pai. E passei a outro poema do mesmo livro:

Oh!! Quem está mais necessitado de ajuda do que eu?
Quem necessita de tantas mãos como eu?
Quem necessita de tantas almas como eu?

Como? Ele disse que [é] Deus, responsável por tudo e por todos. Como necessita? E pensei em sua anedota favorita. Aquela em que, convidado a brincar de ser Deus, cai da mesa e quebra o braço. Deus com fratura de braço. Deus vulnerável, Deus que necessita dos outros. Deus que convive com outros deuses, Deus responsável por todos, mas que precisa que outros sejam responsáveis por ele. Não o Deus distante a quem responsabilizamos por tudo. O Deus de dentro que assume sua responsabilidade ante o mundo. Pensei na deusa sabra que aceita sua missão, em meus companheiros de militância, deuses. O perigo abatia-se sobre nós quando a fratura do braço não nos avisava sobre o limite.

O poema anterior termina assim:

Ajuda-me!
Eu, que dou luz a todos,
Devo ser completado por todos.

Essa mensagem é essencial, uma vez que marca o caminho até o psicodrama como braço técnico, até a sociometria, enquanto teoria das relações interpessoais, e a psicoterapia de grupo. Completa-se assim um conjunto, cuja coerência advém do sentido profundo para o qual Moreno criou sua obra.

Quanto às semelhanças e diferenças de épocas anteriores com a década atual, partindo de uma continuidade filosófica, podemos claramente particularizar suas diferenças.

Acabo de voltar de uma viagem de trabalho à Suécia, onde, há anos, tenho sob minha responsabilidade a formação de profissionais que desejam aprender o psicodrama. Meu primeiro aprendizado refere-se ao tipo de figura de autoridade que depositam em mim. Faz-se o trabalho facilmente, pelo nível de confiabilidade que se deposita. Algo assim como: o coordenador é confiável, sua palavra tem um grande peso, escuta-se com respeito, e seu lugar, uma vez escolhido, tem o peso da delegação. Compreendi que não se tratava apenas de uma questão pessoal, mas de uma figura paradigmática projetada. Eles sentem que *a autoridade* lá está para protegê-los, não esperam ser enganados. Outra observação que sempre me admira é a relação das pessoas com a norma, chame-se ela contrato de trabalho, acordo entre partes ou trânsito. A norma é algo com que todos concordam e, uma vez estabelecida, está ali para que todos nos encarreguemos de respeitá-la, começando pelo líder do grupo, que é o primeiro a dar o exemplo. Os modelos de autoridade de referência têm a responsabilidade de fazer o que dizem.

E nós? Que modelo estamos projetando? O que oferecemos aos jovens? A autoridade (agora com letra minúscula) ambiciona estar acima da lei. Os ingleses têm um lugar, o Hyde Park Corner, em que qualquer cidadão pode ir e dizer o que quiser, sem censuras, sempre e quando subir num pequeno tablado; assim considera que, ao não pisar a terra inglesa, se está acima da lei. Aqui o tablado significa desde ser presidente, ministro, sindicalista ou qualquer lugar de comando. Os jovens observam. E querem crer que há algo mais além do último tipo de carro, ou da roupa Dior. Há valores básicos dos quais a família é a célula mediadora, porém há um modelo mais amplo do que o familiar: o modelo social. A corrupção aceita como algo inerente ao sistema assinala seu déficit essencial. Em que acreditar? Para que se vive?

A depressão social é evidente na angústia e no ódio dos adolescentes. A porcentagem de suicídios infanto-juvenis é aterradora. A ilusão química que a cocaína promete é um amálgama de algo que promete paraísos perdidos junto com o lento suicídio. Esta década nos conduz, a menos que modifiquemos o rumo, a um niilismo de difícil saída.

Como modificar o rumo? Certamente que não com o silêncio cúmplice. Estava escrevendo esse artigo quando tive de desligar o computador devido ao blecaute do dia 12 de setembro. A cidade inteira ficou às escuras, com o ruído das buzinas e das panelas dizendo "basta". Pareceu-me maravilhoso. Confesso que não creio na eficiência das greves, já que não dão grande resultado, e é maior o dano que o benefício. Se acontecem numa quinta ou sexta-feira, todo mundo aproveita para tirar alguns dias de férias. Ninguém reflete sobre o que isso significa. Porém, durante esses cinco minutos, quem não parou para pensar? Durante esses cinco minutos passou por minha mente a irmã Peloni, com suas marchas de silêncio em Catamarca, as mães da Plaza de Mayo, com suas perenes rondas. Senti, novamente, que há uma voz que se deixa ouvir. É lógico que o presidente descartou o fato, chamando-o de "fantochada", o que rubricou o sentido do ato. Sinto dor ao chamar o presidente de fantoche. Dói-me que não receba o nosso respeito, me aborrece seu desprezo e soberba. Dói-me que a figura de autoridade que ele representa solape os cimentos da credibilidade. E que, em nosso país, quando temos que exercer a saudável autoridade, tenhamos de estar continuamente demonstrando que não somos corruptos e mentirosos. Lembrei-me, nesse blecaute, de uma senhora na televisão que, enquanto alguém falava dos tortuosos índices de desemprego, levantou-se e disse: "Senhores, eu não sou um número, preciso dar comida aos meus filhos *hoje*".

Esta é a nossa década, aqui e no Brasil, realidades que conheço de perto, em que nossa função é assumir o papel de Deus diante de outros que ignoram sê-lo.

De que modo a problemática do mundo social atual ingressa na sessão de psicodrama?

Sempre que consideramos a transversalidade de um processo terapêutico é necessário que as temáticas subjetivas, aquelas que apontam para o *intra*, sejam alternadas com referência ao *inter*, aos seus vínculos, às suas relações com o mundo concreto e imediato e, além disso, com esse mundo do qual somos co-responsáveis. Não se pode pensar num processo terapêutico profundo que não inclua a participação do indivíduo no seu meio. O grupo ajuda a não poder negar o que ocorre no mundo, mas também pode ser cúmplice no ocultamento por medo. Não se esqueçam (como fazê-lo!) da conjunção de participação: horror, morte, tortura, que foi a terrível seqüência da cena das amoras que relatei no início. Sabemos que o púrpura das amoras converteu-se em sangue vermelho. Até pouco tempo atrás, eu não podia reabrir um grupo terapêutico em Buenos Aires. Mantive-o no Brasil, mas não aqui. A maravilhosa consciência de ser parte da vida nos catapultou ao torvelinho da destrutividade. Nossa geração de terapeutas viu suas asas cortadas. Nosso braço quebrado assumiu, por momentos, a dimensão de nossa alma em sua totalidade. Ressurge das cinzas como a fênix, para procurar qual participação volte a estar ligada à vida.

O psicodrama por si só não é garantia de nada. O psicodrama em si não existe, é uma enteléquia, uma virtualidade. Existimos nós, os psicodramatistas, com nossas valentias e covardias, com nossa plena subjetividade. O bisturi pode ser manejado por um hábil cirurgião, que corta para salvar, ou por um assassino, que o faz para destruir. Não culpemos o bisturi. Então, a partir de nossa subjetividade, vamos operar conscientes de nossa responsabilidade.

No meio de uma sessão de psicodrama tecnicamente impecável, vi pacientes serem submetidos a um juízo de valor após o outro. O cenário havia se convertido num tribunal, onde tudo o que foi representado estava reduzido ao que ia bem e ao que ia mal. Claro — pequeno detalhe — que segundo os valores do psicodramatista.

Se considerarmos o psicodrama em seu conjunto teórico, técnico e filosófico, sua proposta é clara: o homem Deus, gênio, criador em sua essência. A teoria dos vínculos, teoria das relações interpessoais, como eixo teórico, e o psicossociodrama como abordagem técnica. Esses parâmetros, se seguidos em sua seqüência, nos orientam numa clara direção. Porém os que o manejam são pessoas que necessitam compreender-se profundamente como seres humanos, para poder conduzir este conjunto coerente.

Para terminar essas linhas, volto a citar um poema de *As palavras do Pai*, que sintetizam a mensagem de Moreno:

Como é possível uma coisa
Criar outra coisa
A não ser que a outra coisa
Crie a primeira?

Como é possível um pai engendrar um filho
Se o filho
Também não engendrar seu pai?
Por medo de que eu deixasse de existir,
E te criei.

Moreno nos fala claramente da dialética da relação que configura seu ponto nevrálgico. Quem sou eu, a menos que olhes para mim? Que existência se sustenta por si própria? Seu ponto de partida epistemológico é o vínculo. Ele o diz em seus primeiros poemas, reafirma isso em suas formulações técnicas, privilegiando a ação; sua teoria começa e termina nas formulações sobre os vínculos, que explicam o *intra* subordinado ao *inter*. Assinala para nós um caminho, oferece-nos uma perspectiva de relação com o mundo, mostra-nos que o mundo precisa reconhecer sua inexistência na solidão. No entanto, tem propensão para o isolamento, com a máxima individualista: cada um por si. Todas as formulações de Moreno oferecem outra alternativa: o pretender que cada um lute tão-somente sua própria luta é negar a essência do ser humano, é condená-lo à solidão e à depressão.

Reduzir o foco do estudo do ser humano à sua mínima unidade, ou seja, ao inconsciente, é condená-lo ao lugar de uma célula cuja existência é possível de forma isolada. Moreno não nega a existência do inconsciente, do contrário, não haveria formulado o conceito de co-inconsciente, que legitima claramente o conceito de inconsciente. Apenas coloca-o num lugar lateral com relação ao vínculo, que considera como o centro operativo de onde deve partir qualquer formulação que contemple o ser humano em sua totalidade. Ninguém é de forma cristalizada e inamovível. *É-se com*. Essa relativização dos estados fixos nos traz um critério de flexibilidade e plasticidade que é muito mais adequado como ponto de partida para compreender o ser humano em sua essência. Sabemos que, inclusive os métodos de diagnóstico objetivos, "como por exemplo a simples medição da pressão arterial, dependem do vínculo a partir do qual a obtenhamos". Pode variar consideravelmente, caso a pessoa que a mede tenha com o paciente um vínculo de confiabilidade ou não.

É importante considerar esses aspectos quando analisamos os vínculos de violência. Qualquer vínculo pode tornar-se violento se aquele que se encontrar do lado da responsabilidade nos vínculos assimétricos submeter o outro a seu poder, desde um pai que espanca o filho, a um marido que manipula a economia, uma mulher que manipula por meio da culpa, ou um médico que dispõe impunemente do tempo de seus pacientes, fazendo-os esperar durante horas. Ou um professor que acusa ou insulta seus alunos de mil maneiras. O fator comum: supõe-se que aquele que faz o papel do que necessita deva agüentar as arbitrariedades do poderoso, ou seja, o que sabe ou possui aquilo de que o outro necessita, seja dinheiro, conhecimentos, ou até o que dirige um ônibus. Na nossa cultura, necessitar é um fato indigno, seja qual for a índole circunstancial ou estrutural da necessidade. Se começarmos a levar em conta os ensinamentos de Moreno de maneira profunda, talvez compreendamos que somos *todos Deuses*, que não há deuses de primeira e de segunda. Portanto, por trás das circunstâncias assimétricas existem simetrias profundas, pelo único fato de sermos humanos. No blecaute, os deuses se ouviram depois de um longo tempo. Talvez renasça a consciência da obrigatoriedade do uso do direito, talvez compreendamos que não há tablados de nenhuma natureza que nos coloquem acima do estado de direito.

Buenos Aires, 13 de setembro de 1996.

Dalmiro M. Bustos doutorou-se em medicina em 1956 e trabalhou como psiquiatra em hospitais de saúde mental nos Estados Unidos, de 1957 a 1962. É professor de psicopatologia, psicoterapia e psicologia profunda na Universidade de Córdoba, na Argentina. Formou-se em psicodrama com J. L. e Zerka Moreno, em Beacon, Nova York, e é diretor do Instituto J. L. Moreno, em Buenos Aires e em São Paulo. É autor de nove livros sobre psicodrama e orienta grupos de supervisão na América do Sul e Europa.

------------ dobre aqui ------------

ISR 40-2146/83
UP AC CENTRAL
DR/São Paulo

CARTA RESPOSTA
NÃO É NECESSÁRIO SELAR

O selo será pago por

summus editorial

05999-999 São Paulo-SP

------------ dobre aqui ------------

NOVAS CENAS PARA O PSICODRAMA

ÁGORA

CADASTRO PARA MALA-DIRETA

Recorte ou reproduza esta ficha de cadastro, envie completamente preenchida por correio ou fax, e receba informações atualizadas sobre nossos livros.

Nome: _____ Empresa: _____
Endereço: ☐ Res. ☐ Coml. _____ Bairro: _____
CEP: _____ - _____ Cidade: _____ Estado: _____ Tel.: ( ) _____
Fax: ( ) _____ E-mail: _____
Profissão: _____ Professor? ☐ Sim ☐ Não Disciplina: _____ Data de nascimento: _____

1. Você compra livros:
☐ Livrarias ☐ Feiras
☐ Telefone ☐ Correios
☐ Internet ☐ Outros. Especificar: _____

2. Onde você comprou este livro? _____

3. Você busca informações para adquirir livros:
☐ Jornais ☐ Amigos
☐ Revistas ☐ Internet
☐ Professores ☐ Outros. Especificar: _____

4. Áreas de interesse:
☐ Educação ☐ Administração, RH
☐ Psicologia ☐ Comunicação
☐ Corpo, Movimento, Saúde ☐ Literatura, Poesia, Ensaios
☐ Comportamento ☐ Viagens, Hobby, Lazer
☐ PNL (Programação Neurolingüística)

5. Nestas áreas, alguma sugestão para novos títulos? _____

6. Gostaria de receber o catálogo da editora? ☐ Sim ☐ Não

7. Gostaria de receber o Ágora Notícias? ☐ Sim ☐ Não

Indique um amigo que gostaria de receber a nossa mala-direta

Nome: _____ Empresa: _____
Endereço: ☐ Res. ☐ Coml. _____ Bairro: _____
CEP: _____ - _____ Cidade: _____ Estado: _____ Tel.: ( ) _____
Fax: ( ) _____ E-mail: _____
Profissão: _____ Professor? ☐ Sim ☐ Não Disciplina: _____ Data de nascimento: _____

Editora Ágora
Rua Itapicuru, 613 Conj. 82 05006-000 São Paulo - SP Brasil Tel (011) 3871 4569 Fax (011) 3872 1691
Internet: http://www.editoraagora.com.br e-mail: agora@editoraagora.com.br

cole aqui